Gina Kaestele

Umarme deine Angst

HERDER / SPEKTRUM

Band 4179

Das Buch

Angstgefühle und Unsicherheit stehen vielen Menschen im Weg, wenn sie vor etwas Neuem stehen: Wer einmal eine negative Erfahrung gemacht hat, macht sie immer – so denkt man. Gina Kaestele arbeitet seit langer Zeit erfolgreich mit Menschen, die unter ihren Angstgefühlen leiden. Sie weiß, wie man aus dem Kreislauf der Angst herauskommen kann. Angst hat viele Gesichter und ganz verschiedene Ursachen. Gina Kaestele zeigt, wo Angst nur durch negative Phantasie produziert wird und wo Angst durchaus sinnvoll sein kann und zum Leben dazugehört. Es ist ganz zentral, selber herauszufinden, wo die eigenen Angstauslöser liegen, was ihre Ursachen sind. Wie das gelingen kann und welche Therapie dann jeweils sinnvoll ist, zeigt die Autorin ganz konkret. Ein praktisches Selbsthilfeprogramm mit ausgefeilten Übungen ist die notwendige Ergänzung: Jeder Mensch muß für sich herausfinden, wie er selbst am besten ansprechbar ist und sich für bestimmte Übungen entscheiden. Dies Buch zeigt Lernschritte, die helfen, das Verhalten wirksam zu verändern, Körperübungen, die Verkrampfungen lösen, Phantasiereisen, die die Seele frei machen für neue Energien. Es ist ein praktisches Programm, das Hilfen bietet, mit denen man Ängste und Unsicherheiten bewältigen und in positive Lebenskräfte umwandeln kann.

Der Autor

Gina Kaestele, Dr. rer. nat., Dipl.-Psych., ist Psychologin in eigener Praxis in Unterhaching bei München.

Gina · Kaestele

Umarme deine Angst

Neun Helfer zur Verwandlung von
Hilflosigkeit und Angst – das praktische
Selbsthilfeprogramm

Herder

Freiburg · Basel · Wien

Originalausgabe

Alle Rechte vorbehalten – Printed in Germany
© Verlag Herder Freiburg im Breisgau 1993
Herstellung: Freiburger Graphische Betriebe 1993
Umschlaggestaltung: Joseph Pölzelbauer
Umschlagmotiv: Alexej von Jawlensky, Der Buckel, Replik für Emmy
Scherer 1917, © VG Bild-Kunst, Bonn 1992
ISBN 3-451-04179-0

Gliederung

Theoretische Einführung

1. Beschreiten Sie einen Erfolgsweg

> Obwohl Sklaven der Vergangenheit,
> sind wir die Gebieter der Zukunft.
>
> *Blaise Pascal*

Vorliegendes Buch soll kein Theorieband sein, der sich der Beschreibung von Angst- und Hilflosigkeitsgefühlen widmet, sondern ein praktischer Ratgeber zur Selbsthilfe. Mit Methoden, die Sie selbst leicht anwenden können, lernen Sie, mit Ihren Problemgefühlen anders als bisher umzugehen. Wenn Sie Wege finden wollen, die aus der Angst und Hilflosigkeit herausführen, dann müssen Sie zuallererst die Bereitschaft entwickeln, diese auch auszuprobieren. Sie werden lernen, schwierige Situationen gedanklich und gefühlsmäßig anders zu beurteilen als bisher. Neben vielen Übungen, die zwischen 5 und 20 Minuten dauern können (z. B. Vorstellungs- und Phantasieübungen, Atem- und Entspannungsübungen, Papier- und Bleistiftübungen), werden Sie in eine neue Angstbewältigung eingeführt. Es geht nicht darum, die Angst zu unterdrücken und „wegzutrainieren", sondern um eine sinnvolle Einbeziehung der Angst in Ihren normalen Lebensalltag.

Der Kraftpunkt liegt in der Gegenwart! Betrachten Sie Ihre Vergangenheit als eine Lebensphase, in der Sie wichtige Erfahrungen gemacht haben, und entwickeln Sie jetzt die Bereitschaft, in einen intensiven Prozeß der positiven Veränderungsarbeit einzutreten.

Die Chinesen verwenden für das Wort Krise zwei verschiedene Zeichen, die vergegenwärtigen, daß eine Krise nicht nur belastende und unangenehme Gefühle mit sich bringt, sondern auch eine Chance dergestalt, daß eine schwierige Lebenssituation, die Sie bewältigt haben, zu innerem Wachstum und zur Erinnerung an das in Ihnen liegende Kraftpotential führen kann.

Das eine Zeichen bedeutet Gefahr, das andere Chance! Ich lade Sie ein zu einer Veränderung Ihrer bisherigen Gedanken über Angst und Hilflosigkeit und zu einem selbstverantwortlichen Prozeß, in dem Sie sich all den Gefühlen stellen, die Sie bisher auf keinen Fall haben wollten. Akzeptieren Sie Ihre Angst und lernen Sie,

- daß Sie kein Einzelfall sind, da Millionen andere die gleichen oder ähnliche Ängste haben;
- daß Sie mit den richtigen Methoden die Kraft haben werden, negative Gedanken zu verändern;
- daß auch Fehler, die Sie machen, sinnvoll sind.

Lernen Sie ferner,

- wie Ihre Angst- und Hilflosigkeitsgefühle zu Ihrem inneren Wachstum beitragen, wenn Sie bewußt mit angsterregenden Situationen umgehen;
- wie Sie sich mit Ihrer eigenen Kraftquelle verbinden können und dadurch mehr Vertrauen in die inneren Fähigkeiten entwickeln und beibehalten können und
- wie Ihre sogenannten Problemgefühle dazu beitragen werden, daß Sie mehr Herausforderungen und Freuden erleben können, wenn Sie die Angst als lebendigen Begleiter akzeptieren, der Ihnen Lern- und Übungsaufgaben stellt.

Der Erfolg bei den Klienten, die in meiner Praxis vorsprechen, zeigt, daß Angst bewältigt werden kann. In diesem Buch werden Sie all jene Methoden und Techniken erfahren, die vielen meiner Klienten geholfen haben, ein Leben mit weniger Kontrolle, Anspannung und Druck zu führen und wieder in Verbindung mit der eigenen inneren Kraft (Handlungsfähigkeit) und Lebensfreude treten zu können. Vor dem eigentlichen Übungsteil finden Sie im folgenden einige Überlegungen zu Wesen und Formen der Angst. Sie können aber auch zunächst weiterblättern und gleich mit den praktischen Übungen beginnen.

1.1 Haben Sie Geduld

Veränderung ist ein Prozeß und geschieht in kleinen Schritten. Was zählt, ist Ihre Bereitschaft, sich jetzt mit diesem Buch auf eine Reise der inneren Wandlung zu begeben. Fassen Sie Mut, und packen Sie es an! Noch eines: Es kann auch eine vergnügliche Reise werden. All die Zeit und Arbeit, die Sie jetzt investieren, wird sich lohnen. Sie brauchen sich nicht mehr damit abzufinden, ein „furchtsamer, hilfloser, ängstlicher Mensch" zu sein. Sie werden nun lernen, sich aus eigener Kraft heraus zu helfen. Nehmen Sie sich Zeit, über die verschiedenen Textstellen nachzudenken. Denken Sie daran, daß Ihr persönlicher Fortschritt, gemessen an Ihrem Ausgangspunkt, zählt. Erlauben Sie sich Ihr eigenes Tempo. Jegliche Überforderung würde zu weiterer innerer Anspannung führen und den Lernerfolg erschweren.

2. Das Wesen von Angst- und Hilflosigkeitsgefühlen

> Man muß vor nichts im Leben Angst haben,
> wenn man seine Angst versteht.
>
> *Marie Curie*

Angst, wer oder was ist dieses Phantom, von dem wir hier sprechen? Ein abstrakter Begriff, nicht faß- und berührbar und doch spür- und fühlbar? Angst soll für Sie nun greif- und benennbar werden, damit Sie einen anderen Zugang als bisher erhalten. Angst ist ein Wort, das eine Vielzahl der unterschiedlichsten Gefühle beschreibt. Im Vordergrund steht dabei ein Unlustempfinden, das mit körperlichen Reaktionen verbunden ist, die auf Dauer zu vegetativer Fehlsteuerung führen können. Ihre Angst gehört aber ebenso in Ihr Leben wie Ihre Freude. Sie begleitet Sie vom ersten bis zum letzten Atemzug. Das Angsterleben ist ein Urphänomen. Die „Fähigkeit", Angst zu erleben und zu empfinden, gehört zur biologischen Grundausstattung des Menschen. Das Leben des Menschen ist durch Verluste, Trennungen, Auseinandersetzungen, Bedrohungen und Veränderungen gekennzeichnet. Im Lebensverlauf sich ergebende Wandlungen können als Unsicherheit und mögliche Beängstigung erlebt werden. Die Wurzeln der Angst liegen tief in unserer menschlichen Vorgeschichte begründet. Angst gab es schon immer und wird es auch immer geben. Angst ist auch ein lebenserhaltender Akt, denn durch sie werden schnelle Reaktionsformen in Bedrohungssituationen möglich. In einem Segelboot weit vom Ufer entfernt können die ersten Anzeichen eines herannahenden Sturmes zur Entwicklung von Angst führen (vor allem dann, wenn kaum Segelerfahrungen vorhanden sind). Die auftretende Angst bewirkt, daß Sie schnellstmöglich ans Ufer segeln. Angst mobilisiert Kräfte, damit Sie fliehen oder das Bedrohliche abwehren können. Als solches hat die Angst eine lebensnotwendige Funktion, da sie vor tatsächlichen oder möglichen Gefahren warnt. Angst als Schutzreaktion wirkt somit lebenserhaltend, und die damit verbundene erhöhte Adrenalin-Ausschüttung sorgt dafür, daß Sie entscheidungsbereit sind. Ohne Angst würden Sie sich in der geschilderten Gefahrensituation oder auch in anderen unpassend verhalten. Die Angst bewirkt, daß Sie schneller reagieren und Abwehrmaßnahmen einleiten.

Angst erfüllt heute oft nicht mehr die ursprüngliche lebenserhaltende Funktion, die auf objektive Gefahren hinweist und Ausdruck eines allgemeinen Schutzsignals ist. Neben der berechtigten Angst vor physischen Gefährdungen, vor Schmerzen, vor Krankheit und gravierenden Veränderungen stellen sich in der heutigen Zeit auch Angstvorstellungen über mögliche Gefahren ein, die der Realität nicht angemessen sind (z. B. diffuse, nicht benennbare Bedrohungsgefühle oder konkrete Situationsängste wie z. B. die Angst, frei zu sprechen oder anderen gegenüber die eigene Meinung zu vertreten). Durch die Angst werden körperliche Prozesse aktiviert, und Sie reagieren dann wie im Falle einer realen Gefahr mit Flucht- oder Kampfreaktionen.

Die imaginäre Angst ohne Objektbezug in der Außenwelt bewirkt ebenso Streß wie real zu fürchtende Gegebenheiten. Angst ist, wenn sie nicht in reale Handlung umgesetzt werden kann, sehr belastend. Sie engt den Denk- und Handlungsspielraum ein und verändert auch für kürzere oder längere Zeit das Erleben und Verhalten. Viele psychologisch zu verstehende Ängste liegen darin begründet, daß Sie sich nicht vorstellen können, welche Lösungen in der Zukunft für subjektive oder objektive Probleme möglich sein werden; Angstgefühle können durch die intensive gedankliche Beschäftigung mit den eigenen Angstinhalten zu Depressionen führen und die Entwicklung von Bewältigungs- und Handlungsmöglichkeiten einschränken. Die inneren Befürchtungen schlagen sich dann auf der Verhaltensebene nieder, so daß bestimmte Handlungen unterlassen werden oder es aufgrund der erlebten Angst zu Überreaktionen (z. B. Panikanfällen) kommt. Angst lähmt, macht passiv und hilflos, nimmt Hoffnung und Mut, macht einsam und verlassen. Die meisten Ängste rufen bei dem Betroffenen Selbstzweifel und Schuldgefühle hervor. Ängste, die in verschiedenen Situationen mehrmals aufgetreten sind, lassen sich selten wirklich vergessen. Sie werden zu einem „dunklen

Schatten". In einer tieferen Schicht, nämlich Ihrem Unterbewußtsein, wirken auch unterdrückte Ängste weiter. Sie lassen
sich nur für kurze Zeit verdrängen und kommen in den unpassendsten Momenten immer wieder an die Oberfläche. Hilflosigkeit als Sie begleitendes Grundgefühl kann in den unterschiedlichsten Situationen auftreten und steht in enger Beziehung zur
Angst. Hilflos sein heißt, daß man auf die Hilfe von anderen an-
gewiesen ist, weil zu wenig Selbstvertrauen vorhanden ist, um
Handlungen aus eigenem Antrieb durchzuführen. Im folgenden
sollen die allgemeinen Erscheinungsformen und Symptome von
Angst beschrieben werden.

EINSICHT:
1. Angst ist nutzbringend und kann Leben verlängern, da sie vor
   Gefahren schützt.
2. Ängste werden als Reaktion auf bestimmte Lebensumstände
   ausgelöst.
3. Bedrohungs- und Angstgefühle können auch dann auftreten,
   wenn keine objektive Gefahrensituation gegeben ist (eigene
   Gedanken und innere Befürchtungen).

2.1 Zwei Gefühle stellen sich vor: Angst und Hilflosigkeit. Die Erscheinungsformen von Angst und Hilflosigkeit

Dieses Kapitel soll das Thema Angst für Sie klarer erfaßbar und
strukturierbar werden lassen. Im folgenden sollen Ihre Angst- und
Hilflosigkeitsinhalte in verschiedene Kategorien zusammengefaßt
und in voneinander abgrenzbare Bereiche unterteilt werden.
Überlegen Sie beim Lesen auch, in welchem Bereich Sie Ihre
Angst- und Hilflosigkeitsgefühle einordnen würden, wobei sicherlich auch Überschneidungen auftreten werden. Ihre Überlegungen können zu einer Versachlichung Ihres persönlichen
Problems beitragen. Durch die Feststellung Ihres jeweiligen besonderen Angst- und Hilflosigkeitsinhaltes können Sie eine vorteil-
hafte Distanz zu Ihrer eigenen Angst und Hilflosigkeit gewinnen.

2.1.1 Angstart I – Realistische Lebensängste

Hier handelt es sich um Ängste, die sich auf reale Situationen beziehen und mit denen jeder von Ihnen mehr oder weniger konfrontiert ist, wie z. B. der Angst vor Gewitter, Kriegen, Krankheit, Verlust finanzieller Sicherheit oder den mit dem Altern verbundenen Problemen. Mit diesen Ängsten müssen wir leben lernen, da diese alle Menschen betreffen und Handlungen nur beschränkt Veränderungen einleiten können.

ANGSTINHALT: existentielle Ängste (vor Tod, Schmerz, Leiden, Verlusten).

EINSICHT: Angst ist ein Bestandteil des menschlichen Lebens und ein natürlicher Lebensbegleiter.

HEILUNG: Akzeptanz der menschlichen Grundängste, zielgerichtetes positives Denken, Gegenwartsbezug.

2.1.2 Angstart II – Handlungsängste

Während Lebensängste allgemeine Grundbefindlichkeiten sind, erscheinen Handlungsängste, wenn der Mensch vor Aufgaben und Entscheidungen steht, die für sein persönliches Leben von Bedeutung sind. Sie werden durch äußere Bedingungen und Umstände ausgelöst, die Handlung erfordern würden. Handlungsängste treten in Situationen auf, wo wir uns bewußt für eine Veränderung unserer bisherigen Lebensumstände entscheiden, wie z. B. für einen Berufswechsel, eine Urlaubsreise in ein uns fremdes Gebiet oder eine Prüfung, die wir bestehen wollen.

ANGSTINHALT: Konkret benennbare Situationen, auf die durch eigene Handlung Einfluß genommen werden kann.

EINSICHT: Angst vor Neuem und Unbekannten ist ein normaler Bestandteil jedes Handlungsprozesses.

HEILUNG: Aktion, Handlung, Mut und Entwicklung von Vertrauen in die eigenen Problemlösefähigkeiten.

2.1.3 Angstart III – Hilflosigkeitsängste

Im Unterschied zu Handlungsängsten treten Hilflosigkeitsängste nicht nur in konkret benennbaren und definierbaren Situationen auf. Zahlreiche Auslöser können dazu führen, daß Angst- und Hilflosigkeitsgefühle unabhängig von einem situativen Kontext in den unterschiedlichsten Alltagssituationen auftreten. Sie entwickeln sich innerlich und können den äußeren Handlungsspielraum erheblich einschränken. Hilflosigkeitsängste haben ihre Ursachen in inneren Konfliktgedanken, unerfüllten Wünschen, negativen Selbstgesprächen und Befürchtungen. Vergegenwärtigen Sie sich folgendes Beispiel: Jemand bewirbt sich um eine neue Stelle. Eigentlich fühlt er sich aufgrund seiner Fähigkeiten den mit der neuen Position verbundenen Aufgaben durchaus gewachsen, andererseits erscheinen sie ihm als bedrohlich und ungewohnt. So kann es passieren, daß ihm während des Vorstellungsgespräches und während er seine gut geordneten Unterlagen überreicht, folgende Gedanken durch den Kopf schießen: „Ich bin ein minderwertiger hilfloser Wurm, viel zu dumm für diesen Job." Wenn dieser unerwünschte Gedanke wie in einer Sprechblase in einer Geschichte von Donald Duck im Raum stände und von allen Anwesenden gesehen werden könnte, würde er die Stelle sicherlich nicht bekommen. Glücklicherweise ist dies nicht der Fall, aber der innere Kampf, der mit solchen Negativgedanken verbunden ist, erfordert Kraft, lenkt ab, führt zu Anzeichen von Nervosität und macht hilflos. Der Bewerber verspricht sich, wird rot und kann sich aufgrund der Körperreaktionen, die seine Angst begleiten, nicht so gut darstellen, wie es eigentlich der Fall gewesen wäre. Es ist daher besonders wichtig, das negative innere Selbstgespräch bewußt werden zu lassen, damit herausgefunden werden kann, welche Gedanken dazu beitragen, einen Zustand der Angstbereitschaft aufrechtzuerhalten. Hilflosigkeitsängste können sich – wenn Sie sich diesen ausgeliefert fühlen – auf das ganze Leben und Lebensgefühl auswirken.

ANGSTINHALT: Die negativen Gedanken (eigene innerpsychische Konflikte) stehen im Vordergrund, und die Angst hat weniger mit objektiven Situationen und Gegebenheiten zu tun.

EINSICHT: Hilflosigkeitsängste müssen nicht dazu führen, sich im Äußeren auszuwirken. Das negative innere Selbstgespräch kann bewußtgemacht und umgestaltet werden.

HEILUNG: Veränderung negativer Gedanken und Einstellungen und in diesem Zusammenhang Loslösung von früher erlebten negativen Erlebnissen und Erfahrungen (z. B. traumatische Kindheitserlebnisse), Erweckung von Vertrauen in das eigene Potential. Zu den Hilflosigkeitsängsten zählen auch konkret benennbare Ängste, wie z. B. soziale oder phobische Ängste. Nachfolgend genannte Ängste treten im Rahmen der Hilflosigkeitsängste besonders häufig auf:

2.1.3.1 Soziale Ängste

Hier handelt es sich sowohl um die Angst vor Ablehnung (z. B. von Freunden und Kollegen) als auch um die Angst vor zu großer Nähe und Intimität mit einem Partner oder mit Nachbarn. Der spezifische Inhalt sozialer Ängste ist die Befürchtung, daß man in Situationen, in denen man mit anderen Menschen umgehen oder handeln soll, versagt. Die soziale Angst führt häufig zu Rückzug vor möglichen Kontakten und in letzter Konsequenz zu Vereinsamung. Hier mischen sich Handlungs- und Hilflosigkeitsängste und führen zu Angst vor Versagen im Umgang mit anderen Menschen.

ANGSTINHALT: Selbstzweifel an der Fähigkeit, sich in Beziehungen mit anderen Menschen angemessen zu verhalten.

EINSICHT: Auch der Umgang mit anderen Menschen ist ein Teil des menschlichen Lebens und läßt sich üben und lernen.

HEILUNG: Überwindung der sozialen Ängste durch aktives Handeln und Ermöglichung von positiven Erfahrungen.

2.1.3.2 Angst vor den eigenen negativen Gedanken

Man steigert sich in problematische und furchterregende Gedanken hinein, und auch hierbei entsteht ein Gefühl von Hilflosigkeit, da es kaum möglich erscheint, Einfluß auf die in einem wirkenden zerstörerischen Kräfte und Gedanken nehmen zu können. Es sind Angstinhalte, die sich wie ein Bumerang gegen das eigene Ich richten. Hierzu zählen auch Gedanken, die sich ständig wiederholen, die wie unter einem Zwang stehend innerlich immer wieder formuliert werden und mehrmals täglich in den unpassendsten Situationen auftauchen.

Beispiele: Frau S. befürchtet, daß sie sich etwas antun könne. Jedes Messer und jede Schere im Haushalt lösen den angstbesetzten Gedanken aus, daß sie die Kontrolle über sich verlieren könne.

Frau A. denkt daran, daß sie beim Einkaufen-Gehen auf der Straße stürzen könne, und verläßt „schweißgebadet" das Haus.

ANGSTINHALT: Problematische Gedanken.

EINSICHT: Gedanken lösen Emotionen und Körpergefühle aus.

HEILUNG: Bewußtmachung ungünstiger Gedankengänge und deren positive Umgestaltung.

2.1.3.3 Zukunftsängste

Wenn Sie zu den Leuten gehören, die Angst vor der Zukunft haben, leben Sie in ständiger Katastrophenerwartung. Dieses Angsterleben entsteht unter der Annahme zukünftiger Einflüsse und Ungewißheiten, die als bedrohlich vorausgesehen werden und denen Sie nicht gewachsen zu sein glauben. Hierbei dominieren gegenwärtige Erwartungen, die sich auf eine angsterfüllte Zukunft richten, wobei in der Regel das Mißlingen der zukünftigen Aktionen oder der zu erwartenden Lebenssituationen antizipiert wird. Gehören Sie auch zu den Menschen, die Ihre eigenen Fähigkeiten nicht allzu hoch einschätzen, um mit tatsächlich möglichen Gefahren oder Bedrohungen zukünftiger Ereignisse fertig zu werden?

ANGSTINHALT: Angst vor unbekannten Entwicklungen.

EINSICHT: Auch die Zukunft wird von Ihnen in der Gegenwart bereits mitgestaltet.

HEILUNG: Aufbau von Vertrauen in die eigene Kraft durch bewußte Bearbeitung von Befürchtungen.

2.1.4 Angstart IV – Phobische Ängste

Die Ängste vor Gegenständen und Örtlichkeiten werden mit dem Begriff Phobie bezeichnet. Phobien sind Ängste, die sich auf Situationen oder Gegenstände beziehen, die normalerweise relativ harmlos sind und keine Furcht rechtfertigen. Unter den Phobien treten folgende Ängste häufig auf: Angst vor scharfen Gegenständen, Höhenangst, Angst vor Verkehrsmitteln wie z. B. S-Bahnen, Flugzeugen, Autofahrten, Angst vor Bakterien, Angst vor dem Aufenthalt in geschlossenen Räumen, Angst vor äußeren Einflüssen wie Gewitter und Dunkelheit. Charakteristisch für Phobien ist, daß der Phobiker ganz genau weiß, wodurch die Angstreaktion ausgelöst wird (z. B. in Aufzügen oder beim Überqueren von großen Plätzen). Der Phobiker weiß zwar meistens, daß das Objekt seiner Angst an sich harmlos ist, doch stellt sich trotzdem eine intensive Bedrohungserwartung ein. Sehr verbreitet ist die Agoraphobie oder Platzangst. Sie kann sich in der Anfangsphase so zeigen, daß man ungern zum Einkaufen oder in Lokale geht und dann zunehmend zögert, das Haus zu verlassen, weil sich außer Haus vermehrt Panikanfälle einzustellen beginnen. Das Verlassen des Hauses wird dann in schwierigeren Fällen soweit als möglich eingeschränkt. Der Bewegungsradius ist somit reduziert, und es kann zu weiterführenden Beeinträchtigungen kommen. In extremen Fällen sind die Konsequenzen einer Phobie, daß die Wohnung tatsächlich nicht mehr verlassen wird (Verlust der Arbeitsstelle, Verlust von Kontakten, familiäre Probleme).

ANGSTINHALT: Phobien haben innere Ursachen und gründen nicht in den äußeren Umständen, auf die sie sich beziehen. Es findet vielmehr eine Verschiebung von diffusen Ängsten auf konkrete Gegenstände statt.

EINSICHT: Das im Zusammenhang mit einer Phobie auftretende ängstliche Vermeidungsverhalten und der allgemeine Rückzug aus dem sozialen Leben sind keine Lösung.

HEILUNG: Verstehen der eigentlichen Konflikte und Lösen der damit verbundenen inneren Spannungen.

2.1.5 Die Gemeinsamkeit: Angstart I bis Angstart IV

Jede Angst unterscheidet sich zwar von einer anderen, jedoch gibt es auch gewisse Gemeinsamkeiten, denn es handelt sich meistens um einen unangenehmen und spannungsreichen emotionalen Zustand. Er entsteht, wenn gewisse Situationen als bedrohlich eingeschätzt werden oder der Betroffene selbst seine eigenen Gedanken oder körperlichen Reaktionsweisen als bedrohlich erlebt. Bei jeder Angstart ist eine ähnliche innere Einstellung vorhanden, nämlich die Annahme, daß Sie davon überzeugt sind, daß Sie mit der Sie betreffenden schwierigen Situation nicht zurechtkommen können. Diese Befürchtung verbindet sich oft mit einem negativen inneren Dialog, der Ihnen möglicherweise nicht einmal bewußt ist. Sie werden im praktischen Übungsteil die Gelegenheit erhalten, Ihre handlungsblockierenden inneren Sätze zu überprüfen.

Für Sie als Leser ist es nicht wichtig, über mögliche Entstehungsbedingungen von Ängsten informiert zu sein, sondern es geht darum, praktische Schritte zur Angstbewältigung auszuprobieren. Letztlich sind die Inhalte der verschiedenen Ängste austauschbar, weil der Ablauf des Angstgeschehens (gedanklich, emotional, körperlich) ähnlich verläuft. Ängste sind unangenehme Gefühlszustände, die Betroffenheit, Panik, Depression und einen chronischen inneren Anspannungszustand hervorrufen können. Mit den belastenden Gefühlen verbunden sind autonome Körperreaktionen und physiologische Begleiterscheinungen (Veränderung der Atmung, vermehrte Herztätigkeit, Schwindel, Magen- und Darmbeschwerden). Danach entstehen meistens Hilflosigkeitsgefühle. Sie denken, mit dem Leben nicht zurechtzukommen. Sie beginnen sich zu vergleichen. Sie glauben, daß andere sich mit Ihren Anliegen leichter zurechtfinden als Sie, und laden mit diesen Gedanken geradezu das Hilflosigkeitsgefühl ein. Die damit verbundenen negativ getönten Gedanken über das eigene Versagen haben Auswirkungen auf Ihre Selbstachtung und Ihr Selbstwertgefühl.

Was läuft gedanklich, körperlich und emotional ab, während Sie Angst haben? Die Beschreibung der angstbegleitenden Komponenten läßt sich in folgende Kriterien aufgliedern:

a) die körperlichen Auswirkungen von Angst- und Hilflosigkeits-gefühlen;

b) die Auswirkungen von Angst- und Hilflosigkeitsgefühlen im Verhaltensbereich;

c) die Auswirkungen Ihrer Gedanken auf das Angsterleben.

3. Allgemeine Auswirkungen und Symptome von Angst

3.1 Die körperlichen Auswirkungen von Angst und Hilflosigkeitsgefühlen

Angst ruft genau feststellbare körperliche Veränderungen hervor. Meist treten mehrere körperliche Begleiterscheinungen gleichzeitig auf, wobei die Intensität der körperlichen Angstreaktion von dem Ausmaß der erlebten Angst abhängig ist. Prüfen Sie selbst an Hand der nun aufgeführen Körperreaktionen, welche die für Sie typischen körperlichen Angstsymptome sind: allgemeine Reizbarkeit und Überempfindlichkeit, Müdigkeit, verstärktes bzw. beschleunigtes Herzklopfen, Schwindel, Benommenheit, Schlafstörungen, Schweißausbrüche („kalter Schweiß", Angstschweiß, Frieren), Unwohlsein, Händezittern, Durchblutungsänderungen der Haut, die Blässe oder Röte verursachen, Engegefühl im Hals, Schaudern, Beben, Mundtrockenheit, Muskelkrämpfe und Muskelverspannungen, Schwächegefühl in den Knien, Veränderungen des Atemrhythmus, Hyperventilation, Druck- oder Beklemmungsgefühle auf der Brust, Veränderung der Magen- und Darmtätigkeit, des Muskeltonus, Kribbelparästhesien (= störendes Hautgefühl, so als ob Ameisen darüber laufen würden).

Solche Körperreaktionen machen hilflos, weil Sie dazu führen, daß Sie glauben, keine Kontrolle über sich selbst und Ihren Körper zu haben. Sie werden sicherlich nicht alle der angeführten Symptome gleichzeitig erleben, jedoch auch nur einige hiervon können sehr unangenehm sein und dazu führen, daß Sie bei der Bewältigung der einfachsten Alltagsaufgaben sich abgespannt und verlangsamt fühlen. Es soll Ihnen jetzt verständlich dargelegt werden, wie es dazu kommen kann, daß sich angstbegleitende körperliche Reaktionen einstellen. Das Zusammenwirken zwischen Psyche und Körper wird u. a. durch das vegetative oder autonome Nervensystem gesteuert. Dies arbeitet, ohne daß Sie sich dessen bewußt wären, da es sich der willentlichen Kontrolle entzieht. Das vegetative Nervensystem kontrolliert die Muskelbewegungen, den Blutkreislauf, das Herz, die Atmung, die Hautreaktion und die endokrinen Drüsen. Es reguliert auch die Funktionsfähigkeit der inneren Organe wie Herz, Lunge, Nieren und Leber. Wenn Sie z. B. griechische Musik hören und sich an Ihren letzten gelungenen Urlaub dort erinnern, werden durch diese Erinnerung auch körperliche Reaktionen ausgelöst. Eine freudige Erinnerung bewirkt z. B. eine Erweiterung der Hautkapillaren des Gesichts. Ein schreckvolles Ereignis oder bedrohliche Gedanken führen zu andersgearteten Körperreaktionen, die den Körper in Alarmbereitschaft bringen. Das vegetative Nervensystem arbeitet hierbei wie ein Computer. Bei entsprechendem Tastendruck wird das Programm zur Fehlerbehebung eingeschaltet. Angstbezogene Gedanken bzw. ein angstauslösender Umweltreiz sind dabei die auslösende Programmtaste, durch die das Gefahrensignal auf die Hirnrinde einwirkt. Im Hypothalamus (einem Teil des Zwischenhirns) entstehen daraufhin Angstemotionen, die an die Hypophyse (die Hirnanhangdrüse) weitergeleitet werden. Die Hypophyse bewirkt nun, daß das unter dem Namen ACTH (Adrenocorticotropes Hormon) bekannte Hormon in die Blutbahn ausgeschüttet wird. Das im Blut nun enthaltene ACTH wird von den Nebennieren registriert, und diese reagieren und schütten das unter dem Namen Adrenalin bekannte Hormon aus. Der Organismus wird dadurch in den Zustand der Kampf- und Fluchtbereitschaft versetzt. Eine der Hauptaufgaben des autonomen Nervensystems besteht darin, ein physiologisches Gleichgewicht zu erzeugen und zu erhalten. Das vegetative bzw. autonome Nervensystem besteht wiederum aus zwei getrennten und antagonistisch (im Gegensinn) wirkenden Teilsystemen, nämlich dem sympathischen und dem parasympathischen System. Das sympathische Nervensystem bewirkt Aktivität und Leistungssteigerung, während das parasympathische Nervensystem der Regeneration und Erholung dient und Ruhe, Schlaf und Entspannung fördert. Im

Zustand der Angst dominiert das sympathische Nervensystem. Starke Erregung und die damit verbundene Adrenalinausschüttung führt zu einer Aktivierung des sympathischen Nervensystems, die bewirkt, daß sich der Herzschlag erhöht, der Blutdruck steigt und gleichzeitig damit vermehrt Blut in die einzelnen Muskeln gepumpt wird. Insbesondere die Arm- und Beinmuskeln werden mit vermehrter Blutzufuhr versorgt, damit die Leistungsfähigkeit dieser Muskeln gesteigert ist. Die Beine sind somit zur Fluchtreaktion bereit und könnten Sie aus der gefährlichen Situation heraustragen. Der ganze Körper bereitet sich auf einen Notfall vor. Ihre Atemfrequenz nimmt zu. Sie nehmen mit Ihrem Atem nun zusätzlichen Sauerstoff auf, damit mehr Energie in Ihr Herz gepumpt wird und somit die schnelle Herzschlagrate aufrechterhalten bleiben kann. Aufgrund der den verschiedenen Muskelpartien zuströmenden erhöhten Blutzufuhr sind die verschiedenen Partien bereit, in Aktion zu gehen und „loszuspringen". Da Arme und Beine extra Blutzufuhr für die Muskeltätigkeit benötigen, wird dieses Blut, das gewöhnlich in den Magenbereich fließt, hiervon abgezogen und statt dessen in Arme und Beine geschickt. Dies verursacht ein flaues Gefühl im Magen und möglicherweise Magen- und Darmbeschwerden (Blähbauch, Druckgefühl und ziehende Schmerzen im Oberbauch). Es wird mehr und zusätzliche Energie verbraucht, die Körpertemperatur steigt an, und die Schweißproduktion wird angeregt, damit sich die Körpertemperatur wieder senken kann. In dieser Phase wird meist noch mehr und häufiger eingeatmet. Die nochmalige Zunahme der Atemtätigkeit in Zusammenhang mit einer erhöhten Herzschlagfrequenz beeinflußt auch die gesamte Blutversorgung des Gehirns. Schwindelgefühle und Spannungskopfschmerzen können sich nun einstellen. Die Sympathicus-Impulse mobilisieren also Reserven, die für das Handeln bereitstehen. Dem Sympathicus wirkt das parasympathische System entgegen. Durch die antagonistische Wirkung des parasympathischen Systems wird die Herz- und Kreislaufleistung wieder gedrosselt, der Blutdruck gesenkt, die Schweißsekretion gestoppt und die Atemtätigkeit wieder verlangsamt. Im Zustand von Erregung, Hilflosigkeit und Angst wird meist ein Organsystem stärker als ein anderes aktiviert. Die meisten Menschen reagieren individuell verschieden und lassen sich entsprechend ihrer Reaktionsform in verschiedene Typen unterteilen. Bei dem sogenannten Magen-Darm-Typ führt die Erregung zu Kreislaufproblemen (z. B. Schwindel und Herzrasen). Obwohl sich das vegetative Nervensystem der Kontrolle entzieht, können Sie gewisse Methoden erlernen, die dazu führen, daß dieser von der Psyche initiierte, gleichsam psycho-somatisch ablaufende Regelkreis durchbrochen werden kann.

EINSICHT: Körperliche Reaktionen sind nicht Ausdruck eines Krankheitsgeschehens, sondern zu erwartende Reaktionsfolgen auf Ihre Angstgedanken bzw. angstauslösende Umweltreize.

NÜTZLICHE ANREGUNGEN:
● Machen Sie eine Bestandsaufnahme! Welche physiologischen Begleiterscheinungen werden durch Ihr individuelles Angsterleben hervorgerufen? Welche Symptome überwiegen im allgemeinen?
● Welcher Angstreaktionstyp sind Sie? Verwenden Sie folgende Orientierungshilfe, um eine körperliche Analyse Ihres Angstgeschehens vorzunehmen:
Der Herz-Kreislauf-Typ reagiert mit Herz-, Atem- oder Kreislaufbeschwerden, Blutdruckschwankungen und Schweißausbrüchen. Der Magen-Darm-Typ reagiert mit Magenschmerzen, Magendrücken und allgemeiner Übelkeit. Der Diffuse-Erregungs-Typ reagiert mit Unruhe, Zittern, Erröten oder Erblassen und erhöhter Nervosität. Auch Mischtypen können auftreten.

3.2 Die Auswirkungen von Angst- und Hilflosigkeitsgefühlen im Verhaltensbereich: Die Entwicklung von Vermeidungsverhalten

Angst und deren körperliche und gefühlsmäßige Auswirkung (Hilflosigkeit) werden als so unangenehm erlebt, daß angstvermeidende Handlungen auftreten können oder versucht wird, die unangenehmen Gefühlszustände durch Medikamenteneinnahme

(Beruhigungsmittel) zu beseitigen. Die Vermeidung von Aktivität führt zu einer erheblichen Einschränkung im Lebensalltag, und womöglich haben Sie schon Leute kennengelernt (oder gehören selbst zu diesen), die nicht mehr in Lokale, Kino oder Theater gehen, da die dort auftretende Platzangst nicht ausgehalten wird. Der Angst wird ausgewichen. Das Alltagsleben wird so organisiert, daß man das nicht tut, was Angsterleben auslösen könnte. Im schlimmsten Fall kann die Vermeidung dazu führen, daß Sie das Haus kaum mehr verlassen, öffentliche Verkehrsmittel nicht mehr benützen und sich all den Situationen entziehen, die unangenehme Gefühle vermitteln könnten. Der Preis, den Sie dafür bezahlen, ist hoch: Wenn Sie gewisse Situationen mehrmals vermieden haben, wird jeder weitere Versuch, die Konfrontation mit der jeweiligen angsterregenden Situation auszuhalten, schwierig. Die Vermeidung von konflikthaftem Handeln und Erleben mündet wiederum ein in persönliche Hilflosigkeitsgefühle. Sie führt dazu, daß Sie das Vertrauen in sich selbst verlieren und irgendwann einmal wie selbstverständlich davon ausgehen, daß Sie auch alltäglichen Aufgaben des Lebens nicht mehr gewachsen seien. Vermeidung von Situationen beseitigt die Angst- und Hilflosigkeitsgefühle nicht und stellt deshalb keine Lösung dar, denn im Leben ist das Handeln und Reagieren unvermeidlich. Das Davonlaufen vor einer angsterregenden Situation führt dazu, daß die angstauslösende Situation unbearbeitet bleibt und der Angstinhalt weiterhin voll wirksam ist. Die Angst wird gleichsam bekräftigt und wirkt in einer ähnlich gearteten Situation weiter. Es handelt sich bei der Vermeidung keineswegs um einen vorteilhaften Selbsthilfeversuch. Der Versuch, Ängste durch Vermeidungsverhalten zu überwinden, führt zu einem Teufelskreis oder einer Spirale sich vertiefender Ängste. Erleichterung stellt sich nur kurzfristig ein. Die Angstneigung mit dem zugehörigen Angstinhalt wird jedoch erneut bestätigt, und Ihre persönliche Mißerfolgserwartung steigt, wobei die Konsequenzen dann vergleichbar mit einer schleichenden Krankheit sind. Sie beginnen, sich selbst negativ zu bewerten, verlieren Vertrauen in die eigenen Problemlösefähigkeiten und werden irgendwann wie selbstverständlich davon ausgehen, daß Sie in Ihr Lebensgeschick nicht verhaltens-

und situationsändernd eingreifen können. Die hierbei aktivierten Hilflosigkeitsgefühle können auch zu einer veränderten Wahrnehmung und zu einem eingeschränkten Gesichtsfeld führen. Ihr Denken ist einseitig auf Ihre Situationsvermeidung und die damit anfallenden Probleme konzentriert. Sie verpassen Handlungsmöglichkeiten, die zu positiven und angenehmen Ergebnissen führen könnten. Ein aussichtsloser Zustand? Denken Sie doch einmal darüber nach, wie vorteilhaft es sich auf Ihr Selbstwertgefühl auswirken würde, wenn Sie trotz Ihrer Angst Handlungen durchführten. Bedenken Sie auch, daß das Aushalten angstauslösender Situationen zu Erfolgserlebnissen führen kann.

EINSICHT: Angst kann durch die Vermeidung nicht beseitigt oder geleugnet werden. Durch die Vermeidung wird die Angst nicht aufgelöst, sondern fixiert. Ausweichen hemmt Ihre Weiterentwicklung und bedeutet, langfristig gesehen, Stagnation (Verlust an Selbstvertrauen, Zunahme von Hilflosigkeit und Unsicherheitsgefühlen).

NÜTZLICHE ANREGUNGEN:
● Erinnern Sie sich an eine Situation in Ihrer Vergangenheit, in der Sie sich überwunden haben und etwas ausprobierten, das Sie als beängstigend empfanden! Welche angenehmen Gefühle traten danach auf (Stolz, Freude, Selbstbewußtsein)?
● Denken Sie nun ganz bewußt an die Vorteile, die diese Handlung herbeiführte (positive Umweltreaktionen, schöne Erlebnisse).

3.3 Die Auswirkungen der Gedanken auf Angsterleben und Hilflosigkeitsgefühl

Sie leben in zwei verschiedenen Welten: einer äußeren und einer inneren. Die in der äußeren Welt auftretenden Gefahren können Sie in klare sprachliche Begriffe fassen und sich mit Ihren Mitmenschen darüber austauschen. Ihre innere Welt der Empfindungen, Wahrnehmungen, Eindrücke und Gedanken dagegen ist sehr schwer genau zu fassen, und so werden Sie sich nur mit wenigen Menschen darüber unterhalten. Die in Ihrer inneren Welt vorhandenen, schwerer ausdrückbaren Gedanken über mögliche Gefahren oder über die eigenen mangelnden Fähigkeiten, diese Gefahren zu meistern, tragen entscheidend zur Entwicklung von Angstbereitschaft bei. Wie oft wünschen Sie nicht, die unablässig „Negatives" produzierende „Gedankenmaschine" einfach abstellen zu können? Die Ihnen ständig einredet, daß etwas Schreckliches passieren könnte? „Negative" Gedanken ziehen auch „negative" Gefühlszustände nach sich, die wiederum Ihre Fehlurteile verstärken. Sie konditionieren sich geradewegs auf Ihre Angst. Die folgenden Denkmuster sind Ihnen vermutlich aus leidvoller Erfahrung nur zu gut bekannt. Sie bedingen und begünstigen Gefühle von Angst und Hilflosigkeit.

3.3.1 Gedankenfehler I: Alles-oder-nichts-Denken (Schwarzweiß-Denken)

Diese Form des Denkens läßt sich dadurch charakterisieren, daß Sie sich und Ihre Umwelt entweder nur „positiv" oder nur „negativ" beurteilen. Sie haben nicht gelernt, zu differenzieren, d.h. mögliche Alternativen zu bedenken. Sie bewerten jede Situation voreilig als „gut" oder „schlecht", ohne die jeweiligen Besonderheiten wahrzunehmen.

Beispiel: Weil mich der Kollege heute nicht begrüßte, ist er verärgert über mich.

Möglicherweise ist Ihr Kollege jedoch nur schlecht gelaunt, oder er war gedanklich einfach abwesend. Unter das Alles-oder-nichts-Denken fallen auch übertriebene Verallgemeinerungen, wie z. B. „Ich werde es nie lernen", „ich bin unfähig", „mir kann niemand helfen". Die häufige Anwendung der Wörter „immer", „niemals", „nie", „jeder", „alle", „niemand" deutet auf ausgeprägtes Schwarzweiß-Denken hin. Differenziertes Denken drückt sich eher in relativen Begriffen aus, wie „manchmal", „selten", „vielleicht", „oft", „womöglich" usw. Eine Klientin, die Angst davor hat, mit dem Bus zu fahren, verstärkt ihre Angst noch, wenn sie sich vorstellt, daß sie mit diesem Bus unbedingt bis zur Endhaltestelle fahren müsse und daß Aussteigen auf keinen Fall erlaubt sei. Sie könnte sich zur Überwindung ihrer Angst ebensogut vorstellen, erst einmal ein oder zwei Stationen zu fahren und sich in kleinen Schritten an die angstbesetzte Situation heranzuwagen. Auch das kleinste Erfolgserlebnis kann dazu beitragen, weitere Handlungen leichter zu machen.

EINSICHT: Schwarzweiß-Denken fördert Streß und Anspannung. Das Bedenken und Erproben von Alternativen wird verhindert.

HEILUNG: Differenzierte Selbst- und Situationsbewertung.

3.3.2 Gedankenfehler II: Die Übertragung vergangener Situationen auf die Gegenwart

Einmalige Erfahrungen, die in einer spezifischen Situation gemacht wurden, werden auf alle nachfolgenden Situationen übertragen. Auch dann, wenn die Situation sich zwischenzeitlich längst verändert hat bzw. die neue Situation kaum mehr Ähnlichkeit mit der vergangenen aufweist. Sie hatten z.B. irgendwann Angst vor einem strengen Lehrer. Nun begegnen Sie ängstlich jeder anderen Person, die Sie als Autorität erleben. Sie übertragen also die einmal erlebte Gefühlssituation auf jede nachfolgende, anstatt die jeweilige Person wahrzunehmen und zu sehen, ob Ihre frühere Erfahrung tatsächlich auf diese übertragbar ist. Ein weiteres Beispiel: Sie haben einmal in der Straßenbahn erlebt, daß Ihnen schwindelig wurde. Nun übertragen Sie die Vorstellung, daß Ihnen übel werde, auf jede zukünftige Fahrt, was bald dazu führen wird, daß Sie kein öffentliches Verkehrsmittel mehr benützen können.

Beispiel: Sie gehen davon aus, daß Sie bei einer anstehenden Firmenfeier nervös und voller Ängste sein werden, weil Sie eben dies in einer ähnlichen Situation einmal an sich erlebt haben. Sie berücksichtigen bei dieser Negativ-Annahme nicht, daß Sie nicht nur schlechte Erfahrungen gemacht haben, sondern es gewiß auch

Zusammenkünfte gab, in denen Sie sich durchaus wohl und sicher fühlten. Sie gehen ganz automatisch vom Eintreten des Negativen aus und tun so, als sei dies völlig unabänderbar. Die tatsächlich gegebene Situation wird keiner realistischen Überprüfung unterzogen.

EINSICHT: Die Rückerinnerung an negative Vergangenheitserfahrungen führt zu fehlerhafter Situationswahrnehmung.

HEILUNG: Gegenwartsbezug.

3.3.3 Gedankenfehler III: Vorzeitig beendeter Gedankenkreislauf

Menschen mit Angst- und Panikreaktionen führen auftauchende „Negativgedanken" nicht konsequent zu Ende. Sie kehren gedanklich immer wieder in die Situation der ersten Wahrnehmung des Angstauslösers zurück. Prüfen Sie, ob auch bei Ihnen diese Art des gedanklichen „Kurzschlusses" auftritt. Beispiel: Sie haben Angst, mit der Eisenbahn zu fahren, weil Sie befürchten, daß diese im Tunnel steckenbleiben könnte. Sie denken unentwegt über das mögliche Eintreten dieses Ereignisses nach, stellen sich jedoch nicht vor, was wäre, wenn Ihre Befürchtung tatsächlich eintreten würde. Was könnten Sie dann tun? Was geschieht tatsächlich, wenn der Zug im Tunnel steckenbleibt? Wie könnten Sie sich dann weiterhelfen? Könnten Sie z. B. mit Ihrem Nachbarn ein Gespräch beginnen oder von 1 bis 100 zählen oder sich zur Beruhigung auf Ihren Atem konzentrieren? Menschen mit Angstgedanken grübeln viel über das mögliche Auftreten von Angstsituationen nach, überlegen jedoch nicht, was sie selbst tun könnten, wenn die befürchtete Situation tatsächlich eintritt. Eine sachliche Bewältigung des Problems kann nicht stattfinden, da das Denken vorwiegend darauf konzentriert ist, die Angstsituation zu vermeiden oder die mit dieser verbundenen unangenehmen Gefühle zu unterdrücken.

EINSICHT: Das Nicht-zu-Ende-Führen von Negativannahmen trägt zur Angstvermehrung bei.

HEILUNG: Konsequentes Zu-Ende-Führen der angstbezogenen Gedanken führt zu Erleichterung und Entspannung.

3.3.4 Gedankenfehler IV: Voreilige Schlußfolgerung aufgrund fehlerhafter Urteilsbildung

Starre und unflexible Vorwegnahmen führen dazu, daß die jeweilige Situation nicht richtig erkannt und eingeschätzt werden kann. Die Beurteilung einer Situation, in der Sie sich auf vage Interpretationen stützen, ohne hilfreiche Fakten mit einzubeziehen, fördert unangemessene und angsterzeugende Gedankengänge. Wenn Sie sich zu schnell eine Meinung von etwas bilden und daraus entsprechende Schlußfolgerungen ableiten, ist die Wahrscheinlichkeit dann ziemlich groß, daß Sie Wesentliches übersehen.

Beispiel: Ein Klient befürchtet, er könne in Anwesenheit noch nicht vertrauter Menschen zu stottern beginnen, und meidet daher jede Gesellschaft, um sich nicht zu blamieren. Das Einbeziehen hilfreicher Fakten würde hier etwa bedeuten, zu überlegen, bei welchen Menschen denn die Befürchtung zu stottern größer wäre, eher bei Älteren oder bei Jüngeren, bei Männern oder Frauen, in welchen sozialen Situationen, zu welcher Tageszeit, in welcher Umgebung etc. Der Klient könnte so erkennen, daß seine Angst keineswegs überall und bei jedem Menschen auftritt, sondern er von Teilaspekten gewisser Situationen verunsichert wird. Gerade diese Situationen sollte er nun bewußt aufsuchen, um etwas hinzuzulernen. Voreilige Schlüsse blockieren die angemessene Wahrnehmung der gegenwärtigen Situation.

EINSICHT: Jede Situation ist anders.

HEILUNG: Außenweltbezug, Recherchieren möglicher Fakten.

3.3.5 Gedankenfehler V: Das Katastrophendenken

Diese Art des Denkens bezeichnet die Angewohnheit, sich stets und sofort das Allerschlimmste, das jeweils passieren könnte, vorzustellen. Kommt Ihnen dies bekannt vor? Nehmen Sie sich jetzt Zeit für ein kleines Gedankenexperiment: Stellen Sie sich vor, in Ihrem Wohnzimmer läge ein hungriger Löwe. Verspüren Sie bei dieser Vorstellung Angst? Sicher nicht, da Sie diese Idee als unrealistisch empfinden und nicht tatsächlich damit rechnen, einem Löwen in Ihrem Wohnzimmer wirklich zu begegnen. Würden Sie jedoch bei einem Zoospaziergang mit Ihren Kindern über Lautsprecher hören, ein hungriger Löwe sei aus seinem Gehege ausgebrochen, so würden Sie vermutlich sehr viel eher in Angst oder Panik verfallen. Es wäre möglich, daß der Löwe Sie und Ihre Kinder frißt, und in Ihrer Angstphantasie wird diese Wahrscheinlichkeit noch verstärkt, bis Sie an das Allerschlimmste glauben. IHRE Gedanken an das ALLERSCHLIMMSTE werden nicht – wie bei unserem Löwenbeispiel – durch eine real gegebene Gefahr hervorgerufen, sondern sie entstehen aufgrund von inneren Befürchtungen. Sie interpretieren viele Reize der Umwelt als Gefahrensignale und verhalten sich so, als ob eine wirkliche Gefahr gegeben sei. Die erwartete Katastrophe führt zu Angstreaktionen und macht hilflos, wenn keine Handlung, die zur Bewältigung der Situation führen könnte, eingesetzt werden kann. Erst dann, wenn Sie sich Ihren allerschlimmsten Befürchtungen und den damit verbundenen Angst- und Hilflosigkeitsgefühlen stellen und an Ihrem sogenannten „Angstbewußtsein" arbeiten, können Sie die Irrationalität Ihrer Katastrophengedanken erfahren.

EINSICHT: Katastrophen ereignen sich höchst selten. Sie sind meistens nur Bestandteil Ihrer inneren Befürchtungen.

HEILUNG: Konfrontatives Bearbeiten innerer Befürchtungen.

3.3.6 Gedankenfehler VI: Selbstabwertungen und handlungsblockierende Einstellungen

Selbstabwertungen machen hilflos, wenn sie automatisch ablaufen und Sie diese nicht beeinflussen können. Positive Selbstannahmen können dann nicht dazwischengeschaltet werden. Wenn etwa der Gedanke „ich kann nichts" Sie schon seit vielen Jahren begleitet, werden Sie diesen Gedanken bewußt gar nicht mehr gegenwärtig haben, jedoch ständig seine Konsequenzen spüren: Sie fühlen sich dann in vielen Situationen ängstlich, angespannt und hilflos.

All die negativen Annahmen und Meinungen, die Sie über sich selbst haben, wirken sich lähmend auf Ihre Handlungskraft aus. Sie tragen dazu bei, daß Sie viele Situationen als verunsichernd oder gar unbewältigbar erleben. Sie fühlen sich auch dann hilflos, wenn dies aufgrund Ihrer Fähigkeiten und Ihres bisherigen Lebenserfolges eigentlich nicht sein müßte. Beispiele für solche Selbstabwertungen verbergen sich z. B. hinter folgenden Formulierungen:

● Ich versage in wichtigen Situationen;
● ich bin schon zu alt, um mich noch zu verändern;
● das Leben ist zu gefährlich, um etwas zu wagen;
● ich kann sowieso nichts erreichen;
● im Vergleich mit anderen werde ich immer schlechter abschneiden;
● ich mache alles verkehrt;
● ich bin zu schwach;
● ich bin es nicht wert;
● ich habe immer Pech.

Diese Überzeugungen haben sich durch jahrelange Erfahrungen in unserem Unterbewußtsein als richtunggebende Leitmotive einprogrammiert, und wir sind uns meistens nicht bewußt, in welch hohem Maße die eigenen Überzeugungen und Orientierungen in die angemessene bzw. unangemessene Bewältigung von Situationen einfließen. Wenn Sie z. B. aufgrund einschlägiger Erfahrungen in Ihrer Schulzeit davon ausgehen, ein Versager zu sein, werden Sie sich angesichts jeder Leistungsanforderung unbehaglich fühlen und – zumindest unbewußt – von einem Mißlingen ausgehen. Solch handlungsblockierende Einstellungen führen womöglich auch dazu, daß Sie gar nicht daran glauben, mit diesem Programm Erfolge erzielen zu können; oder aber, daß Sie jeden kleinen Rückfall als Beleg dafür ansehen, daß Sie es ohnehin nicht schaffen.

EINSICHT: Negative Überzeugungen kosten Kraft. Sie blockieren Lebensfreude, Kreativität und das Vertrauen in die eigenen Fähigkeiten.

HEILUNG: Unbewußt wirksame Negativ-Programme können nur durch Bewußtmachung verändert werden.

NÜTZLICHE ANREGUNGEN:

a) Schreiben Sie einige Gedankengänge auf, die zu Streß und Angstreaktionen führen.
   Beispiel: „Wenn ich diese Prüfung nicht bestehe, bin ich ein Versager."

b) Überlegen Sie, wie häufig Sie die Worte „nie", „immer", „jeder", „alle" verwenden.

c) Welche Katastrophenphantasien gingen Ihnen im Laufe der letzten Woche durch den Kopf?

d) Erinnern Sie sich an eine Situation, in der Sie sich hilflos fühlten. Vergegenwärtigen Sie sich diese Situation, und erinnern Sie sich daran, welche Einstellung Sie in diesen schwierigen Momenten über sich selbst hatten.

e) Denken Sie über Ihre handlungsblockierenden Selbstannahmen nach, und notieren Sie diese. Schreiben Sie insbesondere die Annahmen und Einstellungen auf, die Ihnen das Gefühl vermitteln, hilflos und ängstlich zu sein. Beantworten Sie nun folgende Fragen:

● Hat sich die jeweilige Annahme bisher immer bestätigt, oder gab es auch Ausnahmen?

● Führten einige Ihrer Annahmen zu ungünstigen Konsequenzen im beruflichen oder privaten Bereich? (Beispiel: Die Annahme „ich kann sowieso nichts erreichen" könnte dazu führen, daß Ihre beruflichen Leistungen nicht zufriedenstellend sind.)

3.4 Der Angstkreislauf: Ihre Gedanken beeinflussen Ihre Gefühle

Angst ist nur eine Vorstellung. Eine Vorstellung, die ein falsches Gefühl des Abgeschnittenseins herbeiführt, ein falsches Gefühl der Isolation, das nur gedanklich existiert.

Jeraldine Saunders

Folgendes Schema kann Ihnen verdeutlichen, wie sich Ihre negativen Gedanken und Befürchtungen auf Ihr Innenleben auswirken. Es zeigt Ihnen einen sich selbst verstärkenden negativen Kreislauf:

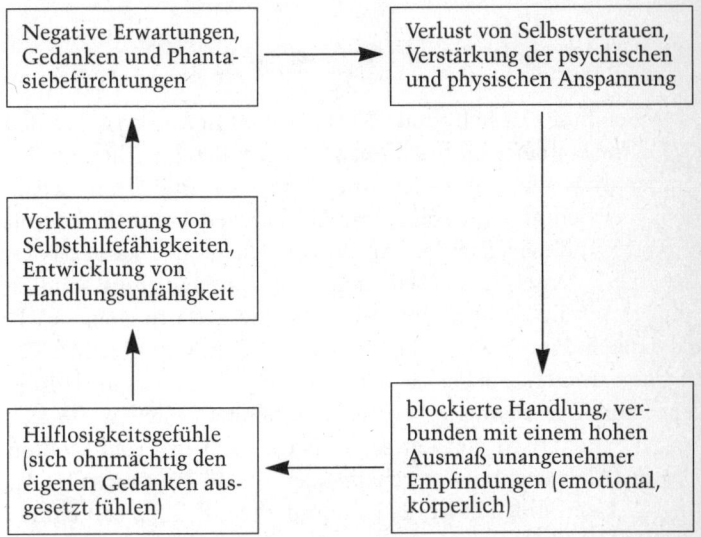

Verdeutlichen wir uns noch einmal die einzelnen Stationen dieses Kreislaufes:

1. Eine Situation erweckt Gefühle von Angst- und Hilflosigkeit.
2. Hiermit verbinden sich negative Gedanken und Erwartungen. Die angstgeladene Phantasie führt zu verzerrten Wirklichkeitsbildern und beeinflußt Stimmung, Gefühle und Verhalten.
3. Ein Verlust von Selbstvertrauen ist die Folge sowie eine Ver-

stärkung der psychischen und physiologischen Angstsymptome.

4. Die Handlungsfähigkeit ist blockiert. Versagen und Mißerfolg treten ein.

5. Negative Erfahrungen verstärken die Gefühle von Hilflosigkeit, schwächen das Selbstwertgefühl und damit die Fähigkeit, sich durch eigene Handlungen zu helfen. Es entsteht der Eindruck, die Angst sei vollkommen berechtigt gewesen.

6. In der nächsten vergleichbaren Situation wird die Angst um so stärker – es steigern sich die negativen Erwartungen.

7. Siehe oben Punkt 1.

3.4.1 Die Veränderung des Angstkreislaufes

Es gehen Ihnen täglich rund 5000 bis 10 000 Gedanken durch den Kopf. Sie können sich bestimmt vorstellen, daß Ihr Allgemeinbefinden nicht gerade gefestigt wird, wenn ein Viertel dieser Gedanken um Gefühle von Angst und Hilflosigkeit kreist. Es kommt darauf an, diesen Kreislauf zu durchbrechen. Wie kann das geschehen? Menschliches Handeln ist kein Automatismus, sondern immer vermittelt über Vorstellungen und Erwartungen, sprich: Gedanken. Eine Veränderung ist nur möglich, wenn Sie Ihre Gedanken aufmerksam beobachten. Sie sollen diese nicht unterdrükken, sondern vielmehr bewußt wahrnehmen. Stellen Sie sich einen Schreibtisch vor, der schon lange nicht mehr aufgeräumt wurde. Alles liegt wüst durcheinander, so daß ein sinnvolles Arbeiten kaum möglich ist. Es ist erforderlich, daß Sie erst einmal sortieren und Ordnung schaffen. Ganz ähnlich ist es auch nötig, Ihre Gedanken mit Hilfe spezieller praktischer Übungen zu ordnen. Die bewußtere Wahrnehmung ist der Ansatzpunkt für neue Denkansätze, die dann ein verändertes Verhalten einleiten. Nur so kann der Kreislauf der Angst durchbrochen werden. Handeln ist gerade das Gegenteil einer Vermeidungsstrategie! Es geht im folgenden also um die Entwicklung von Handlungsstrategien. Die Schwierigkeit liegt darin begründet, daß Sie erst einmal Techniken erlernen müssen, um die alten Gewohnheiten und Denkformen zu durchbrechen. Die Aufgabe besteht darin, so viele Gedanken wie möglich in angenehmere, positivere Bahnen zu lenken und Ihr Denken derart zu beeinflussen, daß Sie sich nicht nur mit Themen und Gedanken auseinandersetzen, die sich auf Ihre Angstinhalte beziehen.

EINSICHT:
1. Ihre Gedankeninhalte tragen zur Entwicklung von Angstbereitschaft bei.
2. Unangemessene Gedanken führen zu fehlerhafter Situations- und Verhaltensbeurteilung.
3. Ihre „negativen" Gedanken sind zur Gewohnheit geworden und laufen automatisch ab.
4. Wenn Sie Ihre Gefühle von Angst- und Hilflosigkeit bewältigen möchten, müssen Sie Ihre Gedanken umgestalten lernen.

3.5 Angst- und Hilflosigkeitsgefühle begleiten Sie überallhin: Ihre eigene Horror-Show

> Die Seele hat die Farbe unserer Gedanken.
>
> *Mark Aurel*

Anhand der vorhergehenden Ausführungen bemerken Sie sicherlich, wie Ihre Gedanken einen besonderen Einfluß auf die Entwicklung des Angstgeschehens nehmen. Sie produzieren sich Ihr Schreckenskabinett selbst.

Beispiel: Ihr Partner fliegt in eine andere Stadt zu einem Geschäftstermin. Sie malen sich lebhaft aus, wie das Flugzeug auf dem Wege dorthin abstürzt. Trotz aller Befürchtungen stürzt das Flugzeug Ihres Partners nicht ab, sondern er steht am Abend heil und gesund vor Ihnen (vgl. Katastrophendenken). In Ihrem inneren Horror-Kabinett wohnen die negativen Stimmen, die Ihnen ständig Mißlingen, Fehlschläge oder mangelnde eigene Fähigkeiten vorgaukeln und Ihnen einflüstern, Sie könnten die bevorstehende Situation niemals bewältigen. Dies geschieht insbesondere dann, wenn Sie sich solchen negativen gedanklichen Programmierungen ganz hingeben. Da Sie jedoch ein erwachsener Mensch sind und in Ihrem bisherigen Leben sicher auch eine Reihe von Erfolgen erzielt haben, erscheint es nicht nachvollziehbar, was sich da in gewissen Situationen in Ihrem Inneren abspielt. Sie werden gleichsam zum Zuschauer in Ihrem eigenen Horror-Kabinett und sind hilflos den negativen Gedanken und den sie begleitenden Körperreaktionen ausgeliefert. Sie wurden jedoch nicht als ängstliche und furchtsame Person geboren, sondern es handelt sich um Angstgedanken und Angstvorstellungen, die sich im Laufe Ihrer lebensgeschichtlichen Entwicklung herausgebildet haben. Ihre Angst ist nicht angeboren, sondern durch unangemessenes Denken und verschiedene Erfahrungen entstanden. Angst sollte deshalb nicht zu Ihrem inneren Kerker werden, in dem Sie sich verlieren, sondern eine Chance sein, durch die Sie Lösungsmöglichkeiten entwickeln lernen.

4. Die inneren Angst- und Hilflosigkeitsdämonen: woher sie kommen und was sie uns lehren wollen

Welche Ursachen führen zu Angst- und Hilflosigkeitsgefühlen? Die Beantwortung dieser Frage ist nicht leicht, denn Angst hat vielfältige und vielschichtige Gründe, die in ganz unterschiedlichen Theoriemodellen erklärt werden. Da es viele Theorien, aber keine eindeutige Erklärung gibt, soll der Schwerpunkt im Rahmen dieses Buches auf einfache Erklärungsmodelle, die von Ihnen leicht nachvollzogen werden können, ausgerichtet sein. Das Phänomen Angst und Hilflosigkeit gliedert sich in drei Bereiche.

1. Körperliche Ursachen von Angst;
2. Dramatische Ereignisse im Erwachsenenalter begünstigen die Entwicklung von Angst und Hilflosigkeit.
3. In der Kindheit entstandene Angst- und Hilflosigkeitsgefühle werden in das Erwachsenenleben übertragen (Gefühle des sogenannten „inneren Kindes").

4.1 Körperliche Ursachen von Angst

Organisch begründete Theorien über die Entstehung von Angst können Sie – sofern es Sie überhaupt interessiert – in anderen Büchern nachlesen. Hier sollen nur jene Ursachen von Angst aufgeführt werden, die für Sie von praktischer Relevanz sind. Angst- und Panikattacken können durch körperliche Funktionsstörungen hervorgerufen werden, etwa auch durch Kalzium- oder Magnesiummangel. Folgende Erkrankungen und körperliche Fehlsteuerungen können zu übersteigerter Angst führen:

- Unter- oder Überfunktion der Schilddrüse (Hypothyreose/Hyperthyreose). Angstsymptome werden durch eine Überfunktion der Schilddrüse hervorgerufen bzw. verstärkt. Mit der Schilddrüsenüberfunktion gehen häufig Gewichtsreduktion, erhöhte Körpertemperatur und Schlaflosigkeit einher.
- Erkrankungen der Atmungsorgane, wie chronische Bronchitis oder Asthma.
- Der Nebennierenmarktumor Phäochromozytom führt zu einer erhöhten Adrenalinausschüttung. Die hierdurch bedingte organismische Überaktivierung führt zu Anzeichen, die mit Angst- und Panikanfällen vergleichbar sind.
- Medikamentenentzug (vor allen Dingen nach längerer Benzodiazepineinnahme). Als Entzugssymptome können starke Angstzustände, Schwächegefühle, Ein- und Durchschlafstörungen, Konzentrationsstörungen, Sehstörungen, Hitze- und Kältewallungen, Muskelschmerzen und Schweißausbrüche auftreten. Die Beschwerden können bis zu drei Wochen andauern.
- Hypoglykämie (= ein extrem niedriger Blutzuckerwert) führt zur Entwicklung von angstähnlichen Symptomen. Sie entsteht entweder aufgrund unausgewogener Ernährung oder durch eine besonders streßhafte Lebenssituation. Auch bei Diabetikern kann Hypoglykämie in der Folge nicht richtig eingestellter Insulineinnahme auftreten.
- Störungen des Innenohrs, die aufgrund einer Allergie, einer Infektion oder im Rahmen des Menière-Syndroms entstanden sind. Sie führen zu sporadischen Angstanfällen. Zudem sind sie in der Regel mit Schwindelanfällen und Verwirrtheitsgefühlen verbunden.

Wenn Sie glauben, einer der beschriebenen körperlichen Angstauslöser könne auf Sie zutreffen, sollten Sie durch einen Arzt abklären lassen, ob nicht möglicherweise eine körperliche Ursache vorhanden ist, bevor Sie den Prozeß der Selbsthilfe und eigenverantwortlich durchgeführten Angsttherapie einleiten. Der Arzt könnte dann mit Hilfe mehrerer Untersuchungen abklären, ob sich Ihr Verdacht auch medizinisch belegen läßt.

4.2 Traumatische Ereignisse im Erwachsenenalter

Ängste treten oft nach längeren Überforderungsphasen auf (z.B. im Zuge unlösbarer beruflicher und familiärer Krisen und sonstiger belastender und als traumatisch erlebter Lebensereignisse). Was auch immer bei Ihnen die Ursache sein mag – Angst ist immer das Ergebnis eines Lernprozesses, der unter bestimmten Umständen stattgefunden hat und wo Einsichten gewonnen und Erfahrungen gemacht wurden, die die Angstentwicklung begünstigten. So kann ein traumatisches Erlebnis wie ein Unfall oder der Verlust des Arbeitsplatzes dazu führen, daß Sie ständig mit der Wiederholung solch negativer Erfahrung rechnen. Sie entwikkeln Katastrophenphantasien und Zukunftsängste. Angst entsteht dann, wenn Sie eine Situation als ausweglos einschätzen, wenn Sie kein Vertrauen mehr zu Ihren Bewältigungsfähigkeiten haben. Den meisten Ängsten liegt zugrunde, daß der Betroffene aufgrund von Erfahrungen ein negatives Selbstbild entwickelt hat, das zu einem Programm führt, das im Gegensatz zu den Wünschen und Zielen des Erwachsenendaseins steht. Die angststeigernde Wirkung unangemessener Gedankengänge können Sie nochmals bei Punkt 3 nachlesen.

Angst und Hilflosigkeit können auch in der Folge einer erlernten Reaktion (Konditionierung) entstehen. Ein Beispiel soll die Faktoren, die bei einem Konditionierungsprozeß wirksam werden, verdeutlichen. Tritt z.B. die Angst erstmals in einem Geschäft auf, in dem zufällig eine lange Warteschlange vor der Kasse ansteht, so kann zukünftig allein jede andere Menschenansammlung die Angst reaktivieren. Im schlimmsten Falle kann schon der Anblick oder das Betreten eines Geschäftes zum konditionierten Auslöser für die Angsterregung werden. Mehrmaliges Auftreten von Angstreaktionen in spezifischen Situationen führt dazu, daß Sie automatisch immer wieder mit Angst auf die jeweilige Situation reagieren. Wenn Sie zufällig in einem Aufzug waren, als Sie erstmals Herzbeschwerden bemerkten, so kann hieraus die unbewußte Assoziation „Aufzug = Herzbeschwerden" resultieren. Es wird sich die Erwartung einstellen, Aufzugfahren sei gefährlich und müsse unbedingt vermieden werden. Oft genügt dann die bloße Vorstellung einer Aufzugfahrt, um Angst auszulösen. Viele Ängste werden aufgrund erlernter Verhaltensmuster aufrechterhalten.

4.3 In der Kindheit entstandene Ängste: Das „innere Kind" als Verursacher von Angst- und Hilflosigkeitsgefühlen

Im Verlauf der Kindheit können tiefgreifende Gefühle von Angst und Hilflosigkeit erworben werden. Frühkindliche Prägungen bestimmen, ob Sie auf schwierige Situationen hilflos oder handlungsfähig reagieren. Zahlreiche negative Erfahrungen (= auch entsprechend negative Kommentare der Eltern) führen dazu, daß ein Kind sich für hilflos hält und nicht mehr daran glaubt, durch eigene Verhaltensweisen etwas beeinflussen zu können. Diese Überzeugung bedeutet einen Verlust des Vertrauens in das eigene Bewältigungsvermögen und im ungünstigen Falle wird diese Einstellung oft ein Leben lang beibehalten. Aus der Kindheit stammende Ängste werden in das Erwachsenenleben mit „hinübergenommen". Beispiel:

Klientin A. berichtet über schwere, von Hitzewallungen begleitete Angstzustände, für die sie keine Ursache finden kann. Durch Übungen (vgl. „Innere Kind"-Übungen, Kapitel 11) erinnert sie sich daran, als fünfjähriges Kind aus einem brennenden Haus gerettet worden zu sein. Die Eltern hatten nie mehr von diesem Ereignis gesprochen, und die Klientin selbst hatte es schon längst vergessen. Die wiederbelebte Erinnerung führte dazu, daß Frau A. ihre Angstzustände als nicht mehr so belastend erlebte und ihre Handlungsfähigkeit wieder zurückgewann. Emotionale Konflikte resultieren u. a. aus unbewußten (sog. „verlorenen") Erinnerungen, die von ihrem Versteck aus (Unterbewußtsein) Einfluß auf das Leben nehmen. Längst vergessene Konflikte, Enttäuschungen und traumatische Ereignisse können sich störend auf die Bewältigung aktueller Probleme auswirken. Auch längst vergessene Erlebnisse haben ein emotionales Echo, das auf verwirrende und oft beunruhigende Weise beeinflußt.

An dieser Stelle soll der Begriff des „inneren Kindes" erläutert werden: In jedem von Ihnen lebt ein „inneres Kind"! Obwohl Ihre Kindheit mit dem Älterwerden in die Ferne rückte, erleben Sie immer wieder Situationen, in denen Sie sich hilflos und ängstlich fühlen wie ein drei- oder vierjähriges Kind. Der Kindzustand kann ganz langsam mit einer gefühlsmäßigen Wahrnehmung, die irgendwie an ein früheres negatives Erlebnis anmutet, beginnen oder durch eine spontan auftretende Erinnerung aus der Vergangenheit ausgelöst werden. In solchen Situationen haben Sie nur wenig Zugang zu den Erwachsenenqualitäten des logischen und analytischen Denkens (= Einsatz angemessener Problemlösefähigkeiten und sinnvoller Situationsbewältigungsmaßnahmen). Etwas in Ihnen, nämlich Ihr „inneres Kind", produziert Gefühle wie Angst, Verzweiflung und Hilflosigkeit, die in der gegebenen Situation entweder gar nicht angemessen sind oder in einem Maße auftreten, das als Überreaktion zu bezeichnen wäre. Betrachten Sie Ihr „inneres Kind" als den Persönlichkeitsteil, der ganz spontan reagiert und – entsprechend der Intensität früherer negativer Erfahrungen – auch die Neigung hat, zu dramatisieren. Dieses „innere Kind" trägt mit all seiner Neugier und Lebendigkeit, aber auch mit seinen Sorgen und Gefühlen dazu bei, daß Sie sich in mancher Situation völlig unvernünftig verhalten und wenig Zugang zu erwachsenen Bewältigungsformen haben. Das „innere Kind" kann zum Beispiel mit einem heftigen Gefühlsausbruch überraschen, wenn jemand Kritik an Ihnen übt. Ihr erwachsener und vernünftiger Verstand weiß möglicherweise ganz genau, daß die kritisierende Person einige Fakten übersehen hat. Ihr „inneres Kind" kann diese Unterscheidung jedoch nicht treffen und erinnert sich „blitzschnell" an ein schmerzhaftes Kindheitserlebnis (z. B. an die wiederholt von den Eltern gehörte Bemerkung „Du taugst sowieso nichts"). Als Konsequenz stellt sich ein Gefühl der Hilflosigkeit ein, das sich in einem emotionalen Ausbruch (Angst, Aggression, Verzweiflung u. a.) entlädt. Die Wiederbelebung der alten traumatischen Erfahrung könnte bewirken, daß alte Enttäuschungen verarbeitet werden, wenn das dahinterliegende Muster erkannt und bewußtgemacht werden kann. Schmerzliche

Kindheitserfahrungen führen häufig zu dem intensiven Wunsch, endlich jene Erfahrungen zu bewältigen, wodurch konflikthafte Situationen unbewußt immer wieder herbeigeführt werden. Das „innere Kind" macht sich in so einem Fall „ängstlich" oder „schreiend" bemerkbar, weil es verstanden, gehört und geliebt werden will. All das, was wir als Erwachsene tun und erleben, löst Gefühlsreaktionen unseres „inneren Kindes" aus. Das innere Kind wird gegen Sie arbeiten, wenn es negative Programme und angsterzeugende Einstellungen der Eltern übernommen hat. Diese alten Programme üben einen ungünstigen Einfluß aus, weil Sie den Wünschen und Erwartungen des Erwachsenendaseins (nach Akzeptanz, Selbstbewußtsein, Ausgeglichenheit und angemessener Konfliktbewältigung) entgegenstehen. Die meisten der problematischen Verhaltensmuster (wie auch Angst- und Hilflosigkeitsmuster) sind in der Kindheit entstanden. Vergegenwärtigen Sie sich nun folgendes Beispiel: Ein unartiges Kleinkind wird in ein Zimmer eingesperrt. Die Eltern reagieren bewußt nicht auf sämtliche Versuche des Kindes, sich bemerkbar zu machen. Das Kind, das noch nicht in der Lage ist, sich allein zu helfen, kann solche Situation als existenzbedrohlich erleben. Angst entsteht. Die im Unterbewußtsein gespeicherten negativen Erfahrungen können auch im Erwachsenenalter noch wirksam werden. Der Betroffene hat womöglich Angst vor geschlossenen Räumen oder ist nicht imstande, konflikthafte Auseinandersetzungen mit anderen zu ertragen, weil hierdurch intensive Angsterfahrungen ausgelöst werden. Die auftretenden Ängste werden indes vom Erwachsenen als ungerechtfertigt erlebt, da der ursprüngliche Grund nicht mehr erinnert werden kann. Sie machen hilflos, wenn bisherige Überwindungs- und Bewältigungsversuche erfolglos geblieben sind. Die Befürchtungen des Kindes sind als unser eigenes „inneres Kind" noch wirksam. Ihr „inneres Kind" wurde von allen Ereignissen berührt und geformt. Es hält an unbewußten Einstellungen fest und sorgt dafür, daß viele Ihrer Handlungen von Angst, von fehlendem Vertrauen und von Hilflosigkeit geprägt sind. Das „innere Kind" hat zahllose Angstprogramme verinnerlicht und setzt in Situationen, die das alte Programm auslösen, die damit verbundenen Gefühle frei. Heilung ist nur dann möglich, wenn eine „Entprogrammierung" stattfindet und die Wünsche und Bedürfnisse des „inneren Kindes" (z. B. nach Anerkennung) endlich Beachtung finden. Das Bestreben des „inneren Kindes" ist es, neue und befriedigendere Erfahrungen zu sammeln, damit die alten Muster endlich beiseitegestellt werden können.

Immer dann, wenn Sie sich hilflos fühlen, möchte Ihr „inneres Kind" Zuwendung und Aufmerksamkeit erhalten. Erklären Sie Ihrem verwirrten und hilflosen „inneren Kind" in einfachen Worten, daß die ursprünglich beängstigende Situation vorbei ist und daß Sie ihm helfen werden, die gegenwärtige Situation zu meistern. Sie können mit der Angst leben lernen! Erlauben Sie sich, die Angst Ihres „inneren Kindes" zu spüren und trotzdem zu *handeln!*

Wissen Sie jetzt, wer das „innere Kind" ist? Es ist
- jener Teil in Ihnen, der fühlt und empfindet, der genährt, akzeptiert, gelobt und gestreichelt werden möchte;
- jener Teil, der neugierig, kreativ und verspielt ist, und
- jener Teil, der sich noch immer an die Schmerzen der Vergangenheit erinnert und deshalb die Gefühle der Unsicherheit, der Einsamkeit und Angst, des Ärgers oder der Schuld jederzeit wieder aktivieren kann.

4.3.1 Die Eltern als ungünstige Erziehungsmodelle

Die Auswirkungen elterlicher Verhaltensweisen werden leicht unterschätzt. Die Eltern als primäre Bezugspersonen sind die Vorbilder, an denen das kleine Kind sich in den ersten Lebensjahren orientiert. Sie sind die ersten Bezugspersonen und werden unmittelbar nachgeahmt. Wenn ein Elternteil nun in gewissen Situationen besonders ängstlich reagiert, wird das Kind diese Reaktionen unbewußt übernehmen.

Die Eltern tragen durch ihr Erziehungsverhalten wesentlich zur Entwicklung von Angstbereitschaft bei, wenn sie selbst ängstlich und übervorsichtig sind. Wenn Sie mit dem Kind zu oft über mögliche Gefahren sprechen mit Sätzen wie: „Sei vorsichtig, sonst passiert dir etwas" oder: „Das kannst du noch nicht". Das Kind lernt, die Umwelt als gefährlich wahrzunehmen, und entwickelt unangemessene Angstgefühle.

Womöglich haben Ihre Eltern (ein Elternteil) durch eine überbeschützende und überfürsorgliche Erziehung dazu beigetragen, daß Sie zuwenig reale Erfahrungen bei der Bewältigung schwieriger Situationen machen konnten. So fühlen Sie sich auch heute noch in vielen Problemlagen hilflos und überfordert.

NÜTZLICHE ANREGUNGEN:

● Waren Ihre Eltern (bzw. ein Elternteil) besonders ängstlich? Welche der elterlichen Angstbesetzungen haben Sie übernommen?
● In welchen Situationen reagieren Sie ähnlich ängstlich wie Ihre Eltern?

4.3.2 Eine hohe Erwartungshaltung begünstigt Angst- und Hilflosigkeitsgefühle

Hohe Erwartungshaltung der Eltern begünstigt beim Kind die Entstehung von Angst und Hilflosigkeitsgefühlen. Wenn z. B. die von den Eltern erwarteten Schulleistungen nicht erfüllt werden, dann stellen sich beim Kind Versagensängste ein. Ihr „inneres Kind" speichert die Einstellung „Ich bin wertlos" und reagiert auch später im Alltag auf ganz normale Anforderungen entsprechend mit Gefühlen von Angst und Hilflosigkeit. Meist behandeln Sie Ihr „inneres Kind" in der gleichen Weise, wie Sie als Kind von Ihren Eltern behandelt wurden. Wenn Sie von Ihren Eltern vernachlässigt wurden, tendieren Sie auch heute dazu, die Bedürfnisse Ihres „inneren Kindes" zu übersehen. Wurden Sie von Ihren Eltern geschimpft, wenn Sie Angst hatten, werden Sie die Ängste Ihres „inneren Kindes" auch nicht annehmen können und sich wegen Ihrer Angst und Hilflosigkeitsgefühle Vorwürfe machen.

ZUSAMMENFASSUNG:

ANGSTINHALT: Aus der Kindheit resultierende Ängste, die im Erwachsenenleben weiterwirken.

EINSICHT: Negative Verhaltensmuster aus der Kindheit können nur überwunden werden, wenn Sie in eine positive Beziehung zu Ihrem „inneren Kind" treten.

HEILUNG: Anerkennung der Bedürfnisse des „inneren Kindes" und Bewußtmachung früherer traumatischer Erfahrungen und der Erziehungshaltung der Eltern.

5. Medikamente und Alkohol lösen Angst- und Hilflosigkeitsgefühle nicht auf

Einige Worte zum Gebrauch und Mißbrauch von Medikamenten und Alkohol. Beruhigungsmittel (Tranquilizer) sind Medikamente, mit deren Hilfe Angst unterdrückt werden kann. Es handelt sich jedoch keineswegs um Wundersubstanzen „gegen die Angst". Sie bieten nur vorübergehende Lösungen an. Auch Alkohol kann zur Entspannung, Angstreduktion („Mut antrinken") und Beruhigung gebraucht werden. Die angstauslösende Problematik bleibt jedoch bestehen. Wenn Sie noch keinen angemessenen Umgang mit Ihrer Angst und den Sie begleitenden Hilflosigkeitsgefühlen gelernt haben, mögen Beruhigungsmittel und Alkohol wie „Krücken" sein, die das Leben etwas erleichtern, weil damit Angstgefühle kurzzeitig verdrängbar werden. Auf Dauer ist Tabletten- und Alkoholkonsum jedoch kein Lösungsweg. Es gibt kein Medikament, das die Ursachen von Angst und Hilflosigkeit beseitigen könnte. Bei den meisten der heute gebräuchlichen Mittel treten körperliche Abhängigkeit und Entzugserscheinungen auf. Schwere Entzugserscheinungen sind insbesondere nach Absetzen von längerer Benzodiazepineinnahme (z. B. Valium) zu beobachten. Bei täglicher Medikamenteneinnahme darf auch die psychische Abhängigkeit nicht unterschätzt werden. Nach dem Absetzen des Medikaments können verstärkt Angstgefühle, Unsicherheit, Schlaflosigkeit, Übelkeit und Anspannung auftreten. Beruhigungsmittel können auch die Arbeits- und Konzentrationsfähigkeit beeinträchtigen. Sie führen zu Müdigkeit, Energielosigkeit und Interesseverlust. Da alle Medikamente die Muskeln entspannen, kann dies zu Unsicherheiten bei Bewegungsabläufen führen. Auch bei Autofahrern ist die Einnahme von Beruhigungsmitteln bedenklich, da sie die Aufmerksamkeit in hohem Maße einschränken. Langzeiteinnahmen größerer Dosen können auch zu Seh-, Sprach- und Gleichgewichtsstörungen führen. Angst und

Anspannung gehören zum normalen Leben und wirken oft als korrigierende Kraft. Beruhigungsmittel dämpfen und die Rolle der Angst als „Motivator", der dazu dient, daß Gegenmaßnahmen eingeleitet werden, entfällt. Ein Prüfling benötigt eine gewisse „Angstmenge", um die Bereitschaft zu entwickeln, sich auch bei strahlendem Sonnenschein hinzusetzen und für das Examen zu lernen. Falls Sie gegenwärtig Beruhigungsmittel einnehmen, halten Sie bitte Rücksprache mit Ihrem Arzt, wie und in welchem Zeitraum Sie diese Medikamente reduzieren oder absetzen können. Pillen sollten stets nur als kurzfristig eingesetztes Hilfsmittel gesehen werden, nicht jedoch als „Heilmittel". Es geht in diesem Buch darum, Selbstvertrauen zu erlangen und eigenständige Kraft zu entwickeln, neue Wege zu beschreiten. Unangenehme Gefühle wie Angst und Hilflosigkeit sollen aktiv handelnd bewältigt werden. Sie sollen zunehmend Sicherheit gewinnen im Umgang mit schwierigen Situationen. Beruhigungsmittel sollten Sie daher nur noch in gravierenden Notfallsituationen einnehmen und auch erst dann, wenn Sie alle Selbsthilfemöglichkeiten ausprobiert haben. Bedenken Sie folgendes: Beruhigungsmittel wirken häufig nicht nur aufgrund der chemischen Zusammensetzung, sondern vor allem auch deshalb, weil Sie von der Wirksamkeit des Medikaments ausgehen. Entwickeln Sie statt dessen Vertrauen in Ihre eigenen Fähigkeiten, Probleme zu bewältigen. Ein Medikament kann leider nicht zu der notwendigen Umgestaltung Ihres Denkens führen und die Probleme in Ihrem Leben nicht beseitigen. Es sind eigene Anstrengungen nötig, die einen größeren Erfolg bewirken als ein chemisches Präparat, das zwar bestehende Angst- und Hilflosigkeitsgefühle lindern kann, aber keinen unmittelbaren Einfluß auf den Heilungsvorgang selbst hat. Der beste Weg, Angst- und Hilflosigkeit zu überwinden, besteht darin, diese „negativen" Gefühle bewußt anzunehmen. Bei Angst vor einer Prüfung wäre ein persönliches Gespräch mit Ihrem Prüfer, bei dem Sie noch mehr Informationen über den zu bewältigenden Lernstoff erhalten können, ein besserer Weg als die „Ruhigstellung" durch Einnahme eines Beruhigungsmittels. Wie Sie lernen können, Angstzustände aktiv handelnd und ohne Medikamentenkonsum zu bewältigen, wird im praktischen Buchteil erklärt.

6. Der Ausweg: Aufbau einer neuen Lebensphilosophie

Um sich selbst zu erkennen, muß man handeln.

Albert Camus

Es geht im folgenden um eine Veränderung Ihrer Denkweise hinsichtlich Ihrer Gefühle von Angst und Hilflosigkeit. Bisher sind Sie möglicherweise davon ausgegangen, Ihre Gefühle von Angst und Hilflosigkeit müßten um jeden Preis abgestellt werden. Sie haben Angst bisher als ein Signal verstanden, das zum Rückzug auffordert, und nicht zur Handlung. Bewußte Angstbewältigung bedeutet, Ihre Gefühle von Angst und Hilflosigkeit als Aufforderung zu sehen, eine Veränderung einzuleiten. Angst ist wie ein Spiegel, der Sie mit Ihren Schattenseiten konfrontiert und Ihnen Bereiche aufzeigt, in denen Sie noch hinzuzulernen haben. Was würde passieren, wenn Sie nun aufhörten, sich gegen Ihre Gefühle von Angst und Hilflosigkeit zu sperren, und die Bereitschaft entwickelten, diese tatsächlich so anzunehmen, wie sie sind? Sich darüber hinaus gar bereit erklären würden, bewußt angstbesetzte Situationen aufzusuchen? Die Türe zu einer ganz neuen Erfahrungswelt würde sich öffnen. Erleben Sie in diesem Prozeß all Ihre Gefühle als Herausforderung und Chance. Der innere Angstalarm, die innere Betroffenheit sind unabdingbare Voraussetzung für Veränderung. Gehen Sie davon aus, daß Sie gerade durch Ihre Angst Ihr Leben positiv gestalten können. Treten Sie in einen lebenslangen Lernprozeß ein, bei dem es nicht mehr darum geht, die Angst zu umgehen oder zu vermeiden, sondern mit ihr zu leben, sie zu akzeptieren. Die Auseinandersetzung mit Ihren Ängsten bedeutet inneres Wachstum. Gerade die bewußte Beschäftigung mit dem Bedrohlichen und den als gefährlich empfundenen Gefühlssituationen führt Sie zu vielen neuen Bewältigungsmöglichkeiten.

EINSICHT: Die bewußte Begegnung mit Ihrer Angst fördert Ihr Persönlichkeitswachstum und eröffnet neue Lernwege.

Das Leben verläuft in Rhythmen. Auf jeden Frühling folgt ein Sommer, ein Herbst und ein Winter. Ebbe zieht Flut nach sich, nach jedem Sonnenaufgang folgt ein Sonnenuntergang. So haben auch Sie als Mensch einen Rhythmus, der dazu führt, daß sich Ihre Gefühlszustände immer wieder verändern. Ein Gefühl, das ansteigt, flaut auch wieder ab. Wenn Sie sich während des Auftretens Ihrer Angst- und Hilflosigkeitsgefühle an dieses Prinzip erinnern, werden Sie die Fähigkeit entwickeln, auch unangenehme Gefühlszustände auszuhalten und sie weniger als bisher zu fürchten. Ebenso wie der Mut gehört auch die Angst zur Ganzheit Ihres Erlebens und ist Teil Ihrer aktiven Aufgabe, den Rhythmus Ihrer Gefühlswelt zu akzeptieren. Ebenso wie Sie am Abend nicht daran zweifeln, daß am nächsten Morgen die Sonne wieder aufgeht, sollten Sie auch nicht mehr daran zweifeln, daß Ihre Angstgefühle irgendwann aufhören und sich eine Beruhigung in Ihrem Denken, Ihrem Fühlen und auch im Körperlichen einstellt.

EINSICHT: Angstgefühle treten immer nur vorübergehend auf. Sie können abwarten und der Angst Zeit geben, vorüberzugehen.

6.1 Die Kraftposition: Handlung und Aktion

Ihre Angst- und Hilflosigkeitsgefühle sind auch dann vorhanden, wenn Sie sie nicht wahrhaben möchten. Ebenso wie Sie in Ihrem Haushalt den Schmutz nicht fortwährend unter den Teppich kehren würden, weil er sonst irgendwann einmal darunter hervorquillt, können Sie diese Gefühle nicht einfach wegdrängen. Es ist erforderlich, daß Sie für Ihre Ängste Verantwortung übernehmen, das heißt, sie bewußt gewissermaßen auf den „inneren Tisch" zu legen. Angst ist ein Signal, das zum Handeln auffordert. Dem Wort *Hand-lung* liegt die Assoziation Hand nicht fern. Die Hand ist unser Greif- und Arbeitskörperteil. Mit ihr packen wir Dinge an, greifen zu, wehren ab. Die Bewältigung der angsterregenden Situation ist nur dann möglich, wenn Sie lernen, sich genau in die

Situation hineinzubegeben, vor der Sie sich fürchten. Die Lösung kann deshalb nur darin liegen, die Angst bewußt zu erleben, sie zu erfahren und umzugestalten. Alles, was Sie hierfür benötigen, ist der aufrichtige Wunsch, die gegebene schwierige Situation wirklich bewältigen zu wollen und trotz Ihrer Angst handlungsfähig zu bleiben. Aktives Handeln bringt einen weiteren Vorteil. Sie haben so weniger Zeit, auf Ihre Körperfunktionen zu achten, und reduzieren beziehungsweise unterbrechen damit den Kreislauf der Angst: Angsterwartung – Angstzunahme – autonome körperliche Reaktion – Panikreaktion – Handlungslähmung. Durch die Durchführung von Handlungen können Sie Ihren Ängsten begegnen. Sie können lernen, sich selbst zu helfen und Ihren „inneren Dämonen" durch eine andere Art des Denkens und Handelns gegenüberzutreten und diese zu beschwichtigen. Die Art zu handeln ist inhaltlich nicht festgelegt. Mit Hilfe verschiedener Übungen soll die ganz persönliche Auseinandersetzung mit Ihren jeweiligen Krisengefühlen angeregt und Ihre Fähigkeit zur Selbsthilfe entwickelt werden.

EINSICHT: Lernen Sie, Angst zuzulassen und trotzdem zu handeln.

6.2 Von der Angst und Hilflosigkeit zur eigenen Kraft

> Als erstes mußte ich lernen, meine Angst
> zu besiegen, nachdem ich eingesehen habe,
> wie sehr sie mich lähmte.
>
> *Byron Jani*

Auch wenn Sie das Gefühl der Hilflosigkeit schon sehr lange mit sich herumtragen, können Sie etwas daran ändern. Dies bedeutet allerdings, daß Sie Vertrauen in Ihre eigenen Fähigkeiten entwickeln und sich als wertvoll genug erachten, um in langsamen Schritten das Nötige zu lernen. Der Prozeß der aktiven Auseinandersetzung mit Ihren Angst- und Hilflosigkeitsgefühlen erfordert zu Beginn einige Anstrengung und Mühe. Hin und wieder werden

Sie sich gewiß die Frage stellen, warum es eigentlich nicht erlaubt sein sollte, angsterregende Situationen einfach zu umgehen. Die Antwort hierauf wäre jedoch, daß das Leben mit der Angst, die aus vermiedenen Situationen und Handlungen entsteht, weit unangenehmer sein kann als die neue Strategie, die durch die Handlung zu Spannungsreduktion und Erleichterung führt. Handlung als solche reduziert Angst, obwohl der oftmals sogar körperlich als unangenehm erlebte Zustand als begleitendes Gefühl weiterhin bestehenbleiben mag. Nur in der aktiven Handlungsausführung hat der Organismus die Chance, sich wieder zu beruhigen. Wenden Sie sich also Ihren Angst- und Hilflosigkeitsgefühlen zu, erforschen Sie diese, und halten Sie die hierbei auftretenden Unlustgefühle aus. Beginnen Sie, sich an den Gedanken zu gewöhnen, daß Sie nur durch Handlung einen äußeren oder inneren Wandel bewirken können.

EINSICHT: Angst, die Sie wegschieben, wirkt sich lähmend aus.

Nicht jeder Handlungsversuch wird zu dem gewünschten Resultat führen. Dennoch erweitert jeder Versuch Ihre Repertoire an Möglichkeiten, die Ihnen zukünftig zur Verfügung stehen werden. Handeln bedeutet auch, daß Sie anfängliche Resignation und Hilflosigkeit überwinden müssen, um neue Fähigkeiten und Kräfte in sich zu entdecken. Dies kann nur dann geschehen, wenn Sie Herausforderungen annehmen und sich hierbei von einer geringen Schwierigkeit zur nächstgrößeren voranarbeiten. Erwarten Sie nicht zuviel auf einmal. Angst ist ein unangenehmes Gefühl, und die natürliche Neigung ist, davor zu fliehen. Jedwede aktive Handlung anstelle von passiver Erduldung (Opferhaltung) ist schon ein Unterbrechen der Fluchtreaktion und somit ein erster positiver Schritt. Wenn Sie bereit sind, Ihre Ängste auszuhalten, ohne sich aus der jeweiligen Situation zurückzuziehen, werden Sie neue Erfahrungen machen. Das Aushalten der Situation – trotz weiterbestehender Angstgefühle – führt zu Vertrauen in Ihre Handlungsfähigkeit. Sie werden durch solche selbstgewählten Erfahrungen Mut schöpfen. Denken Sie immer daran, daß Veränderung nur in kleinen Schritten geschieht.

EINSICHT: Lernen ist ein Prozeß, der in langsamen Schritten geschieht.

Aus einer angstbesetzten Situation sollten Sie nicht flüchten, sondern so lange darin verweilen, bis Ihre Angst- und Hilflosigkeitsgefühle wieder nachgelassen haben. Sie können nur dann Handlungen erproben, wenn Sie sich den beängstigenden Situationen stellen und bereit sind, die dabei entstehenden Gefühle auszuhalten. Schon allein der Gedanke, daß Sie in der Angstsituation verweilen sollen, kann bei Ihnen jetzt Angst auslösen. Dies wird jedoch unterbunden, wenn Sie handelnd aktiv werden – wie in diesem Buch beschrieben. Sie werden lernen, gerade die Situationen herbeizuführen, die Sie ängstlich und hilflos machen. Jedesmal, wenn Sie einen aktiven Schritt in diese Richtung unternommen haben, werden Sie sich etwas sicherer fühlen. Die Angst wird Ihnen ermöglichen, mit Ihrem eigenen inneren Kraftpotential in Kontakt zu kommen. Ihre Angst hat Aufforderungscharakter. Sie möchte darauf aufmerksam machen, daß gewisse Schwierigkeiten des täglichen Lebens handelnd verändert werden sollen. Erst durch die Konfrontation, die aktive Auseinandersetzung mit Ihrer Angst, werden neue Kräfte in Ihnen freigesetzt.

EINSICHT: Die Bewältigung angstauslösender Situationen stärkt Ihr Selbstvertrauen.

Sie werden mit Hilfe von praktischen Übungen lernen, sich selbst von einer Position der Hilflosigkeit in eine Position der handelnden und heilenden Kraft hinzubewegen. Niemand anderes kann diese Aufgabe für Sie lösen. Die Selbsthilfe beginnt bei Ihrer inneren Entscheidung für die Handlung. Angst ist wie ein selbstgewählter innerer Anker, der Sie an einem Platz festhält. Treten Sie aus Ihrem Angstgefängnis heraus, und gehen Sie in die Handlung hinein, damit die Auseinandersetzung mit Ihrer Angst zu einer heilenden Begegnung werden kann. Aber auch wenn Sie sich für inneres Wachstum entscheiden, wird Ihre Angst niemals ganz aufhören. Solange Sie lebendig und aktiv sind, bedeutet dies, daß Sie sich immer wieder in schwierige Situationen hineinbegeben werden, um Dinge auszuprobieren, die zu einer Erweiterung Ihrer Fähigkeiten führen können. Solange Sie Risiken eingehen, wird auch Angst spürbar sein. Ihre Angst wird allerdings dann ein ganz „normaler" Begleiter sein.

EINSICHT: Solange Sie sich nicht für inneres Wachstum entscheiden, wird Ihre Angst niemals ganz weggehen.

NÜTZLICHE ANREGUNGEN:

a) Überlegen Sie nun, welche Vorteile sich ergeben könnten, wenn sie – anstatt abzuwarten – sich der jeweiligen Situation stellen und in Handlung treten würden! Notieren Sie mindestens fünf Gedanken, die für die Erweiterung Ihrer Handlungsfähigkeit sprechen.

b) Suchen Sie sich täglich eine Beschäftigung, die Ihre Handlungsfähigkeit erweitern könnte (z. B. mit Leuten, denen gegenüber Sie sich unsicher fühlen, ein Gespräch zu beginnen). Stellen Sie sich angstbesetzte Situationen vor, und fragen Sie sich: „Was könnte ich jetzt machen?"

c) Denken Sie mit geschlossenen Augen an das Wort *Hand-lung*. Spannen Sie Ihre Hand an, während Sie an dieses Wort denken. Spüren Sie die Kraft in Ihrer Hand, bevor Sie die Hand wieder entspannen und öffnen.

d) Vergegenwärtigen Sie sich eine schwierige Lebenssituation der Vergangenheit, und überlegen Sie sich, welche Gefühle damals vorherrschend waren (Überforderung, Angst, Deprimiertheit, Verzweiflung, Hilflosigkeit oder sonstige unangenehme Gefühle). Überlegen Sie jetzt, was Sie aus dieser schwierigen Lebenssituation gelernt haben könnten und was dafür sprechen könnte, daß es sich dabei tatsächlich um eine Chance gehandelt hat.

6.3 Die Hilflosigkeitsposition: Angst, Hilflosigkeit, Handlungslähmung

Bei dem nachfolgenden Schema soll die Hilflosigkeitsposition der Handlungsposition gegenübergestellt werden, um zu verdeutlichen, daß alte Denk- und Verhaltensmuster verändert werden müssen.

HILFLOSIGKEITSPOSITION	HANDLUNGSPOSITION
► ANGST	► WAHL
Sie stellen sich mögliche Gefahren vor oder empfinden diffuse Angstgefühle und fühlen sich diesen Gefühlen ausgeliefert, weil sie glauben, nicht handeln zu können.	Sie haben angsterzeugende Vorstellungen und probieren Handlungsalternativen aus, bis sich Ihre Angst reduziert hat.
► HILFLOSIGKEIT	► AUFREGUNG
Ihr Denken ist eingeengt. Lösungen werden nicht wahrgenommen, und Sie verlieren das Vertrauen in die eigenen Problemlösefähigkeiten, und dies führt zu einem Verlust an Selbstvertrauen.	Sie sind bereit, die hierbei entstehende Aufregung auszuhalten, weil Sie wissen, daß die Angst vorübergehen wird, wenn Sie Handlungen ausführen.
► LÄHMUNG	► AKTION
Mögliche Handlungen werden nicht ausprobiert, schwierige Situationen werden vermieden, und es tritt eine zunehmende Handlungslähmung ein. Ihre Selbständigkeit und Ihr Selbstvertrauen nehmen noch mehr ab.	Sie probieren verschiedene Selbsthilfemethoden aus, erweitern Ihren Erfahrungsbereich, entwickeln neue Problemlösefähigkeiten und hierdurch bedingt Selbstvertrauen.
► LEBENSEINSTELLUNG	► LEBENSEINSTELLUNG
„Ich kann mir nicht helfen"	„Ich kann, wenn ich will"

6.4 Die Herausforderung zur Selbstbefreiung

Wer ist eigentlich Meister in Ihrem inneren Haus? Sie oder Ihre Angst- und Hilflosigkeitsgefühle? Treffen Sie nun eine bewußte Veränderungsentscheidung. Sehen Sie sich das nachfolgende Schema an, bei dem Ihnen ein ganzes Paket verschiedener Bewältigungsmöglichkeiten vorgestellt wird. Sie können schwierige Situationen, die Ihnen begegnen, selbst bewältigen. Sie führen konkrete Handlungen aus, entwickeln hierbei Handlungskompetenz und bewirken so eine zunehmende Veränderung Ihrer inneren Einstellung.

Erläuterung zu dem nachfolgenden Schema:

Angst- und Hilflosigkeitsgefühle stellen sich bei Ihnen ein. Sie setzen verschiedene Bewältigungstechniken ein und wählen die Ihnen entsprechenden Übungen aus dem „Rad der Selbsthilfemöglichkeiten" aus. Sie entwickeln hierbei Handlungsfähigkeit, die Ihr Selbstvertrauen stärkt. Im Rahmen dieses Prozesses wird eine veränderte innere Einstellung ausgelöst. Das Schema zeigt zwei mögliche Wege auf (Möglichkeit I und Möglichkeit II). Durch die Ausführung von Übungen wird sich in jedem Fall eine Verbesserung Ihrer Handlungsfähigkeit einstellen, wobei diese möglicherweise zu Beginn Ihrer Bemühungen noch nicht ausreicht, um sich bei dem Auftreten von Angst- und Hilflosigkeitsgefühlen sofort selbst helfen zu können (Möglichkeit II). Durch den weiteren Einsatz von Handlungsübungen wird die Einstellung, sich in jeder Situation helfen zu können, zunehmend Ihr gesamtes Denken und Handeln bestimmen (Möglichkeit II). Sowohl die Möglichkeit I als auch II führen zu dem Einsatz von Bewältigungstechniken. Durch praktische Erfahrung werden Sie herausfinden, welche der angegebenen Selbsthilfemethoden für Sie besonders gut geeignet sind.

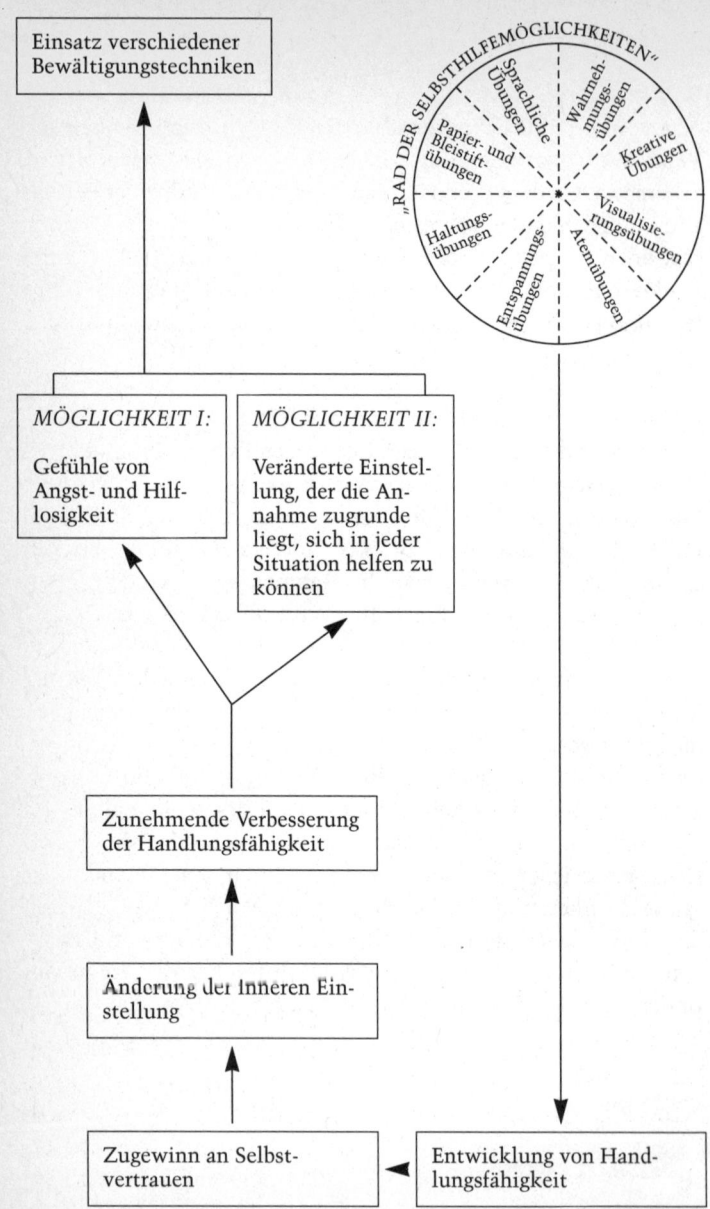

Einsatz verschiedener
Bewältigungstechniken

"RAD DER SELBSTHILFEMÖGLICHKEITEN"

Sprachliche Übungen
Wahrnehmungsübungen
Papier- und Bleistiftübungen
Kreative Übungen
Visualisierungsübungen
Haltungsübungen
Atemübungen
Entspannungsübungen

MÖGLICHKEIT I:

Gefühle von
Angst- und Hilf-
losigkeit

MÖGLICHKEIT II:

Veränderte Einstel-
lung, der die An-
nahme zugrunde
liegt, sich in jeder
Situation helfen zu
können

Zunehmende Verbesserung
der Handlungsfähigkeit

Änderung der Inneren Ein-
stellung

Zugewinn an Selbst-
vertrauen

Entwicklung von Hand-
lungsfähigkeit

7. Das praktische Übungsprogramm

1. Ausweglos

Wenn du sagst,
es gibt
keinen Weg für dich,
so irrst du dich.

Es mag sein,
daß da
kein Weg zu sehen ist,
aber du kannst
dir immer noch einen
bahnen.

2. Tu was

Du kommst
nirgendwo an,
wenn du
nicht losgehst.

Dir öffnet sich
keine Tür,
wenn du nicht an-
klopfst
– wenn du auch
tausendmal davon
sprichst.

TU WAS!

Kristiane Allert-Wybranietz

Es handelt sich bei den nachfolgenden Übungen nicht um Schnellernmethoden, sondern um Schritte, die inneres Wachstum einleiten sollen. Erwarten Sie bitte nicht von sich, ungewohnte und vielleicht noch nie durchgeführte Aufgaben gleich perfekt ausführen zu können. Dadurch würden Sie nur Ihrer inneren Furcht vor Mißerfolg Nahrung geben und womöglich von vornherein an sich zweifeln. Auch eine noch so genaue Beschreibung der Vor- bzw. der Rückhandstellung beim Tennis wird Sie nicht in die Lage versetzen, gleich in Ihrer ersten Tennisstunde den Schläger richtig zu halten. Die Methoden dieses Buches führen Sie an Handlungen heran, die Sie zunehmend Ihre innere Stärke spüren lassen. Wenn es Ihnen gelingt, Ihr Gefühl von Angst und Hilflosigkeit wenigstens für eine bestimmte Zeit jeden Tag in Stärke zu transformieren, festigt dies Sie innerlich so sehr, daß Sie sich auch schwierigen Situationen nicht mehr hilflos ausgeliefert fühlen. Statt dessen lernen Sie, diese zu bejahen und umzugestalten. Sie sollen Ihnen „in Fleisch und Blut" übergehen und somit auch das emotional-vegetative Geschehen beeinflussen. Der Weg zur Besserung ist schon dann beschritten, wenn Ihr Angstzustand eine vorübergehende Unterbrechung erfährt, was womöglich auch die körperlichen Beschwerden lindert. Angstzustände können immer wieder kommen, was allerdings keinen „Rückschlag" bedeutet, sondern vielmehr als eine erneute Aufforderung verstanden werden kann, an sich zu arbeiten. Es geht darum, die Phasen, in denen Sie trotz Ihrer Angst handeln können, auszuweiten, so daß Ihnen noch mehr konkrete Bewältigungsmöglichkeiten in der jeweiligen Situation einfallen. Es soll hier noch einmal darauf hingewiesen werden, daß ein völliges Verschwinden der Angst- und Hilflosigkeitsgefühle nicht möglich ist. Es werden immer Schwankungen vorhanden sein. Bei den hier vorgeschlagenen Übungen handelt es sich nicht um einen Wenndann-Katalog, der Ihnen Rezepte gibt, bei welcher Art von Angstsituation welche Übung durchgeführt werden soll. Vielmehr soll Ihre Handlungsfähigkeit insgesamt gestärkt werden. Einige der Übungen werden schwieriger durchzuführen sein als andere, da Ihre bisherigen Denk- und Verhaltensgewohnheiten verändert werden müssen. Geben Sie nicht auf, wenn Ihnen etwas zu schwer erscheint! Gehen Sie dann einfach zu den Übungen, die Ihnen leichter fallen, und beginnen Sie mit diesen. Die Beherrschung der für Sie einfacheren Übungen führt zu Erfolgserlebnissen. Diese bilden die notwendige Grundlage, sich auch an die schwierigen Übungen heranzuwagen. Bestimmte Übungen müssen mehrmals durchgeführt werden, manche gar über mehrere Wochen hinweg. Der Lohn für all die Mühe wartet auf Sie, denn Sie erwerben Handlungsfähigkeit! Die besten Erfolge mit vorliegendem Selbsthilfeprogramm erzielen Sie, wenn Sie sich zunächst für eine oder auch mehrere Übungen entscheiden, die Sie dann auch in möglichen Krisensituationen anwenden können. So gewinnen Sie Sicherheit in Ihrem Handeln. Denken Sie stets daran, daß Erfolg sich aus vielen kleinen Schritten zusammensetzt. Ein rein intellektuelles Verstehen der Übungen reicht nicht aus. Sie müssen praktisch erprobt und ausprobiert werden, damit Ihr Veränderungsprozeß von persönlicher Erfahrung begleitet ist und die gewünschte Entwicklung, die Sie von der Hilflosigkeit zur Handlungsfähigkeit führen soll, stattfinden kann. Das hier angebotene Handlungs- und Aktionsprogramm wirkt, unabhängig davon, mit welchen Übungsaufgaben Sie beginnen. Blättern Sie den Übungsteil durch, und lassen Sie sich von den Übungen, die Ihnen spontan zusagen, inspirieren. Nur Sie selbst können entscheiden, welche Übung Sie persönlich mehr und welche weniger anspricht. Lassen Sie sich ganz von Ihrem Gefühl leiten, und wählen Sie das aus, was Ihnen Spaß macht. Es empfiehlt sich auch, Übungen aus den verschiedenen Bereichen (z. B. Papier- und Bleistiftübungen und Atemübungen) miteinander zu kombinieren. Das Üben kann für Sie zu einem Gewohnheitsprozeß werden, wobei schon das Denken an gewisse Übungen in Ihrem Unterbewußtsein Kräfte zu aktivieren vermag. Ihre bisherige Erfahrungsgeschichte zeigt wahrscheinlich, daß Sie von Ihren Angst- und Hilflosigkeitsgefühlen buchstäblich überflutet wurden. Sie fühlten sich völlig ausgeliefert, wobei mißlungene Kontrollversuche gerade noch verstärkte Panikreaktionen hervorriefen. In der Angstsituation selbst löst sich Ihre Konzentrationsfähigkeit fast vollständig auf. Dies führt dazu, daß Ihnen im Krisenfalle zunächst nur wenige Übungen einfallen, da Sie sich nicht mehr an wesentliche Hilflosigkeiten erinnern werden. Ein wesentlicher Teil der Übungen trägt deshalb dazu bei, daß Sie wieder Kontrolle über sich und Ihr Verhalten gewinnen. Bei manchen Übungen werden Sie dazu aufgefordert, Ihre Angst bewußt zu konfrontieren und absichtlich Gefühle von Hilflosigkeit zu erzeugen. Sie gewinnen so im Umgang mit diesen Gefühlsqualitäten Sicherheit und Handlungsfähigkeit. Es ist besonders wichtig, das Übungsprogramm gerade auch im angstfreien Zustand immer wieder durchzugehen. Nur so können Sie auch im Krisenfall sicher darauf zurückgreifen. Unterstreichen Sie sich diejenigen Übungen, die Ihnen besonders gut geholfen haben. Notieren Sie die jeweiligen Techniken (nicht zu viele auf einmal!) auf ein Karteikärtchen, das Sie mit sich führen und zur Hand nehmen können, um die hilfreiche Vorgehensweise nachzulesen und anzuwenden. Nehmen Sie sich nicht zuviel auf einmal vor! Üben Sie lieber regelmäßig an ausgewählten Aufgaben, damit sich diese auch in Ihrem Unterbewußtsein festigen können. Auch wenn die Wunschphantasie Ihnen schon vorauseilt, sollten Sie Ihr eigenes Tempo akzeptieren. Das Mißlingen einer Übung bedeutet keineswegs, daß sie nie gelingen wird. Auch das Autofahren haben Sie bestimmt nicht an einem Tag gelernt!

Lassen Sie sich nun dazu einladen, aktiv zu werden. Von heute an kann jede Situation in Ihrem Leben zu einer Lernerfahrung werden, neue Bewältigungsmöglichkeiten auszuprobieren. Werden Sie wieder Steuermann (oder Steuerfrau) auf Ihrem eigenen Lebensschiff!

Hoffentlich fühlen Sie sich durch die Vielzahl der Übungen nicht überfordert. Nachfolgend beschriebenes System soll Ihnen die Auswahl erleichtern, da Sie durch bewußtere Einschätzung Ihres Wahrnehmungs- und Bewältigungsmusters feststellen können, bei welchen Übungsbereichen Ihnen der praktische Einstieg in das vorliegende Programm leichter fallen wird. Die Art und Weise, wie Sie Ihre Probleme lösen, ist abhängig von dem von Ihnen überwiegend benutzten Wahrnehmungs- und Bewältigungssystem, wobei Sie im allgemeinen ein bis zwei Wahrnehmungssysteme bevorzugen werden. Je nach Wahrnehmungs- und Bewältigungstyp entsprechen Ihnen manche Übungen mehr als andere. Viele Leute können z. B. in Bildern denken, während andere diese Art der Wahrnehmung als schwierig empfinden. Andere wiederum sprechen ziemlich viel mit sich selbst, während sich bei Ihnen vielleicht die Handlungen hauptsächlich aus Ihrem Gefühl für die Situation ableiten. Sie werden sich deshalb von den verschiedenen Übungsteilen unterschiedlich angesprochen fühlen.

Welcher Wahrnehmungs- und Bewältigungstyp sind Sie? Schätzen Sie sich nun nach folgender Einteilung selbst ein:

1. Der logisch-denkende Mensch (= rationaler Typ): Wenn Sie zu diesem Wahrnehmungs- und Bewältigungstyp gehören, versuchen Sie schwierige Situationen logisch zu überdenken und mögliche Lösungswege zu analysieren. In unklar erscheinenden Situationen nehmen Sie gerne Papier- und Bleistift zur Hand, um „Ordnung" in den „Problemberg" zu bringen. Sie fühlen sich wohler, wenn Sie Situationen verstandesmäßig einordnen können, und bemühen sich meistens um Sachlichkeit.

Ausdrücke, die zum rationalen Typ passen: begreifen, verstehen, analysieren, denken, entscheiden, sich erinnern, wiedererkennen, bewerten, überlegen, sich Dinge aufgrund ihres logischen Aufbaus merken, folgerichtig und realitätsorientiert sein, abstraktes Denken wird bevorzugt, sich mit unstrukturierten, nicht klar umrissenen Aufgaben nicht gut zurechtfinden; benötigt spezifische klare Anweisungen, lernt durch Denken.

2. Der sprachlich orientierte Mensch (= auditiver Typ): Sie reden gerne und können auch gut zuhören. Das „Spiel" mit Worten ist Ihnen geläufig und macht Ihnen Spaß. Sie benützen Worte zur Selbsthilfe, d. h., Sie versuchen, in schwierigen Situationen sowohl sich selbst als auch anderen gut zuzureden. Manchmal schenken Sie Worten mehr Bedeutung als Taten, was sich auch darin äußern könnte, daß Sie sich auf die Aussagen anderer verlassen möchten und empfindlich darauf reagieren, wenn Ihnen jemand etwas verspricht und das Versprochene nicht einhält. Sie schreiben und lesen gerne und können sich durchaus vorstellen, Sprüche, die einen positiven Bedeutungsgehalt für Sie haben, abzuschreiben.

Ausdrücke, die zum auditiven Typ passen: hören, zuhören, fragen, betonen, verkünden, rufen, mitteilen, anmerken, klingen, nachsagen, sprechen, reden, singen, mit sich selbst sprechen, sich gut an mündliche Anweisungen und Gesprochenes erinnern; lernt durch Zuhören und Lesen von Büchern und Texten am besten.

3. Der in Bildern denkende Mensch (= visueller Typ): Sie denken häufig in inneren Bildern, die Sie auch farbig vor sich sehen können. Sie möchten Situationen ganzheitlich wahrnehmen und erleben Tagträume und Phantasien als kräftigend und beruhigend. Gehörtes kann von Ihnen sofort in eine visualisierte Form umgesetzt werden, und Sie setzen innere (bildhafte) Vorstellungen häufig zur Selbsthilfe ein.

Ausdrücke, die zum visuellen Typ passen: sehen, betrachten, sich vorstellen, den Überblick haben, bildhaft erinnern, imaginieren, lebendiges Phantasieren, vorstellen, vorhersehen, beobachten, vorausschauen, eine Vision haben, neue Möglichkeiten vor sich sehen; Bilder werden benötigt, um sich die Realität vorstellen zu können, lernt durch anschauliches Material am besten.

4. Der gefühlsmäßig reagierende Mensch (= emotionaler Typ): Sie reagieren vorwiegend gefühlsmäßig, d. h., Sie bemühen sich, in schwierigen Situationen ein „Gefühl" für die Lage der Dinge zu erhalten. In Entscheidungssituationen stehen Gefühle

im Vordergrund Ihres Erlebens. Im allgemeinen gehen Sie bewußt oder unbewußt davon aus, daß der Verstand mit den gespeicherten Daten und Glaubenssystemen der Vergangenheit nicht der verläßlichste Ratgeber ist.

Ausdrücke, die zum emotionalen Typ passen: fühlen, empfinden, wahrnehmen, intuitiv sein, einfühlsam sein, sich entspannt oder angespannt fühlen, mit dem „Herzen" empfinden; lernt durch das Wahrnehmen und Erleben von Emotionen am besten.

5. Der körperlich reagierende Mensch (= Bewegungstyp): Sie bewegen sich gerne und sind sportlichen Unternehmungen gegenüber aufgeschlossen. Sie glauben durch Bewegung Ihr Wohlbefinden steigern zu können und gehen davon aus, daß negative Gefühlszustände durch gezielt durchgeführte Bewegungsabläufe abgebaut werden können.

Ausdrücke, die zum Bewegungstyp passen: körperbewußt, beweglich; körperliche Reaktionen bei Streß und Anspannung, empfindsam für den körpereigenen Rhythmus, besondere Beachtung körperlicher Signale.

6. Der künstlerisch orientierte Mensch (= kreativer Typ): Sie sind phantasievoll und weniger vernunftbetont. Sie haben die Neigung, sich mit künstlerischen und gestalterischen Medien (wie z.B. Malen) auszudrücken. In schwierigen Situationen suchen Sie nach kreativen Problemlösungen. Im allgemeinen empfinden Sie bei der Beschäftigung mit kreativen Dingen eine besondere Befriedigung.

Aussagen, die zum kreativen Typ passen: kreativ, phantasievoll, ganzheitliches Wahrnehmen, Vorstellungsvermögen für Formen, Farben und Muster, räumliches Vorstellungsvermögen, ästhetisches Empfinden, schöpferisches Denken, Entstehung origineller Einfälle.

Überlegen Sie nun, wie Sie sich selbst einordnen würden, wobei Sie sicherlich nicht nur einen Typus verkörpern, sondern wahrscheinlich mindestens zwei Wahrnehmungs- und Bewältigungsstrategien bei der Lösung lebenspraktischer Fragen einsetzen. Erkennen Sie die Kanäle, die Sie benützen, um dann zunächst die Übungsaufgaben auszuwählen, die Ihnen leichter fallen. Der von Ihnen verkörperte Typus (bzw. eine Mischform mehrerer Typen) macht Ihnen die Wahl der zu Ihnen passenden Selbsthilfemethoden leicht, wobei Sie mit Vertrauterem beginnen können, um sich dann langsam auch zu anderen Methoden der Selbsthilfe hinzubewegen. Jeder Übungsteil kann Ihr Eingangstor sein, das Sie persönlich weiterbringt. „Schnuppern" Sie deshalb auch in andere Übungsbereiche hinein, um neue Erfahrungen zu machen und Ihre Bewältigungsstrategien zu erweitern.

Die Übungen unterteilen sich in folgende Bereiche:

- Papier- und Bleistiftübungen (besonders gut geeignet für den rationalen und den auditiven Typ), Seite 72 ff.
- Sprachliche Übungen (besonders gut geeignet für den auditiven Typ), Seite 105 ff.
- Wahrnehmungs- und Kreativitätsübungen (besonders gut geeignet für den emotionalen und den kreativen Typ), Seite 140 ff.
- Visualisierungsübungen (besonders gut geeignet für den visuellen und den kreativen Typ), Seite 152
- Atem- und Entspannungsübungen (besonders gut geeignet für den Bewegungs- und den emotionalen Typ), Seite 166
- Haltungsübungen (besonders gut geeignet für den Bewegungstyp), Seite 177

7.1 Das „Verweilen" in der Übungssituation

Jede Übung, die Sie einmal begonnen haben, sollten Sie unbedingt zu Ende führen – auch dann, wenn Angst- und Hilflosigkeitsgefühle oder gar Panikreaktionen auftreten. Vorzeitiges Abbrechen einer Übung verstärkt Ihre Angst und bestätigt Ihre Überzeugung, in aktuellen Situationen mit den auftretenden Ängsten ohnehin nicht umgehen zu können, also auch in zukünftigen Situationen zu versagen. Sie speichern solche Fehlschläge in Ihrem Unterbewußtsein, und es wird dann bei dem Auftreten vergleichbarer Situationen zunehmend schwieriger, aktive Handlungen einzuleiten. Hier nun ein Trick, mit dessen Hilfe es Ihnen gelingen kann, standzuhalten. Suchen Sie sich ganz bewußt einen Platz, an dem Sie sich etwas sicherer fühlen. Entfernen Sie sich jedoch nicht aus der kritischen Situation. Versuchen Sie nun, die schwierige Situation weitere zehn Sekunden auszuhalten. Setzen Sie sämtliche Motivationshilfen ein, die Ihnen einfallen. Zählen Sie dann langsam von eins bis zehn. Geben Sie einem etwaigen Fluchtimpuls auf keinen Fall nach! Schon während des Zählens werden sich die Angst- und Hilflosigkeitsgefühle mindern. Ihr Verstand weiß aus wiederholter Erfahrung, daß es meist nur Ihre Katastrophenphantasien sind, die den Fluchtimpuls einleiten, und daß das Befürchtete sicher nicht eintreten wird. Sollte das einmalige Zählen bis zehn nicht ausreichen, so zählen Sie bitte so lange weiter, bis sich Ihre unangenehmen Gefühle deutlich verringert haben. Sie können diese Übung auch abwandeln und von 1010 bis 1001 herunterzählen. Denken Sie sich nach jeder Zahl die Worte *„Angst sinkt".* Sie werden überrascht sein, wie schnell Sie sich auf solche simple Weise etwas einsuggerieren können, was dann tatsächlich zum Abnehmen der Angst führt. Die Agoraphobiker unter Ihnen sollten diese Zeilen besonders beherzigen: Durch Konfrontation können Sie angstauslösenden Situationen erfolgreich begegnen. Ausweichen vor dem Angstobjekt wirkt sich keineswegs vorteilhaft aus (Schwächung des Allgemeinbefindens, des Selbstwertgefühls, der Stimmungslage, der Handlungsfähigkeit).

7.2 Die Übungen und Ihr Handlungstagebuch

Kaufen Sie sich ein Notizbüchlein im Din-A3- oder Din-A4-Format. Achten Sie darauf, daß Ihnen der Einband gefällt! Es sollte sich in jedem Fall um ein gebundenes Buch handeln, damit Sie auch richtig damit arbeiten können. Ihr Handlungstagebuch zeigt Ihren Veränderungsprozeß. Alle wichtigen Gedanken und Überlegungen sollten Sie dort eintragen. Insbesondere die positiven Veränderungen im Hinblick auf Ihr gewünschtes Ziel sollten regelmäßig protokolliert werden. Bei einzelnen Übungen werden Sie dazu aufgefordert, entsprechende Eintragungen in Ihr Handlungstagebuch vorzunehmen, damit sich diese besser einprägen können und Sie auch Alltagsereignisse anders als bisher überdenken. Schlagen Sie nun die erste Seite Ihres Büchleins auf, und schreiben Sie in Großbuchstaben und mit Rotstift das Wort *Handlungstagebuch* hinein.

Die jeweils linke Seite Ihres Handlungstagebuches sollte für problematische Ideen, für Konfliktmaterial und „negative" Gedanken vorbehalten sein. Auf der rechten Seite können Sie Aufbauendes und Hilfreiches sowie Ihre positiven Veränderungen und Erfahrungen eintragen. Diese Aufteilung hat sich als sinnvoll erwiesen,

- um die Übersichtlichkeit des Handlungstagebuchs zu garantieren;
- um Konfliktmaterial auch räumlich von positiven Ideen zu trennen;
- um gerade in Krisensituationen das Hilfreiche „auf einen Blick" erfassen zu können;
- um Ordnung in das gedankliche Chaos zu bringen. Sie werden nur dann Ihr eigener Meister, der aus dem Unstrukturierten und chaotischen Erleben eine neue Struktur formt, wenn Sie auch in Ihrem Handlungstagebuch strukturiert vorgehen.

NÜTZLICHE ANREGUNGEN:
Notieren Sie die Vorteile, die es für Sie haben könnte, aus den einzelnen Übungen ein persönliches Programm zu erstellen und dieses auch durchzuführen. Welche Veränderungen wünschen Sie sich? Welche Auswirkungen auf Ihr persönliches Leben könnte es haben, wenn Sie sich täglich handelnd mit Ihren Angst- und Hilflosigkeitsgefühlen auseinandersetzten? Welche Vorteile könnten sich hierbei einstellen? Notieren Sie die Vorteile auf der zweiten Seite Ihres Handlungstagebuchs.

8. Selbsthilfeprogramm:
Papier und Bleistift als Helfer

Papier- und Bleistift-Übungen:
Die Umgestaltung negativer Gedanken und Selbstannahmen

> Wenn Du Dir Sorgen machst, gehst Du nun endlos weit
> und kommst dort an, wo Du aufgebrochen bist.
> Denken hingegen bringt Dich von einem Ort zum anderen ...
> Die Kunst des Lebens besteht darin, Sorgen in Denken
> umzuwandeln und Ängstlichkeit in kreatives Handeln.
>
> *Harold B. Walker*

Papier- und Bleistift-Übungen können zu einer Veränderung Ihres Denkens führen. Sie ermöglichen Ihnen, unbewältigte Situationen zu strukturieren. Auf ganz praktische Weise lernen Sie, Gedankenfehler zu verändern, und gelangen zu Einsichten, die nicht möglich wären, wenn Sie die Übungen nur gedanklich durchführen würden. Ihr Auge und Ihre Hände lernen mit! Bei den Papier- und Bleistift-Übungen ist es nicht wichtig, sich sprachlich korrekt auszudrücken oder Grammatikregeln zu beachten. Niemand wird Ihr Handlungstagebuch durchlesen. Zudem sind Sie den Zeiten, in denen ein Lehrer Ihren Aufsatz korrigierte und benotete, entwachsen. Es geht ausschließlich um Ihre Selbsthilfe! All Ihre Aufzeichnungen sollen Ihnen helfen, den Angstkreislauf zu unterbrechen und Gefühle von Hilflosigkeit in aktives Handeln umzusetzen. Erlauben Sie sich, auch vermeintlich nichtssagende oder nebensächliche Gedanken aufzuschreiben. Alle Einfälle zählen! Die Bedeutung mancher Einfälle und Ideen werden Sie vielleicht hinterher erst erfassen können. Dem Tagebuch können Sie all diejenigen Gedanken anvertrauen, deren Mitteilung Dritten gegenüber nicht angebracht wäre. Notizen vermehren Ihre Möglichkeit zur Selbsthilfe. Ihr Handlungstagebuch soll zu Ihrem treuesten Begleiter werden und Ihnen auch in schwierigen Situationen Trost und Hilfe sein. Schreibübungen helfen insbesondere dann, wenn Sie sich von Ihrer Angst überflutet fühlen und wieder Kontrolle gewinnen möchten. Mit Papier- und Bleistift-Übungen stärken Sie Ihre Selbstheilungskraft.

Sie lernen,

- unangemessene Gedankengänge durch hilfreichere zu ersetzen,
- negativen Gedankenabläufen entgegenzuwirken,
- angenehme und befreiende Gedanken zuzulassen,
- sich durch schriftliche Aufzeichnungen zu einer angenehmeren Gefühlsstimmung hinzubewegen.

NÜTZLICHE ANREGUNGEN:
Sie sollten sich bei Ihren Papier- und Bleistift-Übungen an einen besonderen, geschützten Ort begeben. In Ihrer Wohnung wird das wahrscheinlich leicht möglich sein. Sie sollten Ihr Handlungstagebuch allerdings auch mit sich führen, wenn Sie Ihr Haus für einige Zeit verlassen, um im Bedarfsfalle hilfreiche Gedanken nachschlagen zu können. Auch außerhalb Ihres Wohnbereiches können Sie einen „geschützten Raum" erzeugen, indem Sie sich z. B. vorstellen, beim Schreiben wie eine Schmetterlingsraupe von einem schützenden Kokon umgeben zu sein. Erschaffen Sie sich einen Rückzugsort in Ihrer Vorstellung, den Sie jederzeit aufsuchen können. Gestalten Sie diesen inneren Ort ganz nach Ihren Wünschen (z. B. eine schöne Landschaft, eine Bucht mit Palmenstrand usf.). Entsprechende Techniken können Sie im Abschnitt der Visualisierungsübungen nachlesen.

8.1 Die Gedanken als Verursacher: Hören Sie auf, sich selbst Angst beizubringen

Ihre lange Erfahrungsgeschichte unterschiedlichster Gefühle von Angst und Hilflosigkeit führte dazu, daß Sie heute vieles, was Ihnen begegnet, als bedrohlich einstufen. Ihre Erwartungshaltung ist negativ getönt. Die durch die Angst hervorgerufenen Gedanken gehen meist in die falsche Richtung. Sie führen zu einer Steigerung der Erwartungsangst und somit zu verstärkter Anspannung. Alternative Möglichkeiten, die sich verändernd auf die Angstinhalte auswirken könnten, werden oft nicht wahrgenommen. Denken jedoch ist nichts Zufälliges. Sie können Ihr Denken schulen und trainieren. Stellen Sie sich vor, daß Sie nachts ein dunkles Haus betreten. Sie suchen den Lichtschalter, betätigen ihn und bewirken dadurch, daß das Licht angeht. Die hier beschriebenen Techniken wirken ähnlich. Sie schalten Ihre Katastrophengedanken und negativen Überzeugungen um und konzentrieren sich auf etwas völlig Neues und Anderes: auf die Möglichkeit, sich selbst zu helfen. Durch den Einsatz der Übungen werden Sie das Auftreten negativer Gedanken zwar nicht verhindern können, es wird Ihnen jedoch möglich werden, negativen Gedankenabläufen und den daraus resultierenden Spannungen entgegenzuwirken. Sie werden lernen, aus sich selbst heraus Kräfte zur Angstbewältigung zu mobilisieren. Es muß dies allerdings gut geübt werden. Wir werden heutzutage von Bildern und Informationen negativer Art geradewegs überflutet (Radioberichte mit Katastrophenmeldungen, Artikel über Tod und Krankheit usf.). Es liegt indes an Ihnen, womit Sie sich gedanklich beschäftigen möchten. Sie können sich entweder auf die Katastrophenmeldungen konzentrieren oder Ihr Denken auf die guten und positiven Aspekte des Alltags ausrichten lernen. Die Umorientierung Ihres Denkens bedeutet, daß Sie Ihre Aufmerksamkeit immer wieder auf den gegenwärtigen Moment richten und nicht mehr ständig in die Zukunft vorausdenken. Wenn all die Versuche, Ihre Gedanken auf Angenehmes umzustellen, fehlgeschlagen sind, sollten Sie den folgenden Übungen besondere Beachtung schenken. Der Aufbau alternativer Denkmöglichkeiten soll Sie dazu anregen, Ihre bisherigen inneren Negativ-Dialoge einzustellen und statt dessen konstruktive innere Selbstgespräche zu entwickeln, die sich in kritischen Situationen als wirkungsvoller als Ihre bisherige Denkweise erweisen.

8.2 Die Angstkommando-Veränderungs-Techniken

Haben Sie schon einmal darauf geachtet, wie häufig Sie sich „Angstinstruktionen" und „Angstkommandos" geben, wie „es wird alles schiefgehen", „ich gerate bestimmt außer Kontrolle", „ich werde gleich einen Panikanfall bekommen", „mir werden die Hände zittern", „ich werde erröten und zu stottern beginnen",

„mir wird nichts einfallen"? Derartige „Angstkommandos" sind Vorhersagen, die katastrophale Auswirkungen haben können. Sie stellen sich den denkbar unangenehmsten Ausgang der jeweiligen Situation vor, obwohl dies mit der Realität gar nichts zu tun hat. Die „Angstkommandos" haben sich in Ihrem Unterbewußtsein eingeprägt, und Sie sollten sich ausreichend Zeit nehmen, an der Veränderung dieser „Kommandos" zu arbeiten. Schreiben Sie mindestens zehn Ihrer „Angstkommandos" auf die linke Seite Ihres Handlungstagebuchs. Nachfolgende Techniken können Sie als Hilfsmittel einsetzen, um unangemessenen „Kommandos", die zur Auslösung von Panik- und Hilflosigkeitsgefühlen führen, entgegenzuwirken.

8.2.1 Die Stoppschildtechnik

Atmen Sie ruhig ein und aus, und stellen Sie sich dabei ein rotes Stoppschild vor. Nun richten Sie Ihre Aufmerksamkeit besonders auf das Ausatmen. Stellen Sie sich gerade während des Ausatmens das Wort STOP vor, und lassen Sie dieses mit Ihrem Atem aus sich herausströmen. Versuchen Sie das Wort – zusammen mit dem Atem – in die Länge zu ziehen: S-T-O-P. Diese Übung bewirkt, daß Sie Ihren „Angstkommandos" Einhalt gebieten und sich überdies mehr auf das Aus- als auf das Einatmen konzentrieren (vgl. Atemtechniken bei Punkt 14 und den für Angstanfälle typisch gestörten Atemrhythmus, bei dem mehr Luft ein- als ausgeatmet wird).

8.2.2 Die Angstgegeninstruktionstechnik

Ihre Angstinstruktionen (negative Vorhersagen) beziehen sich meist auf zukünftige Ereignisse. Aus unliebsamen Erfahrungen der Vergangenheit hat sich die Erwartung herausgebildet, daß Sie ähnliche Situationen auch künftig nicht bewältigen können. Es kommt nun darauf an, persönliche Gegeninstruktionen zu entwickeln, die Ihnen helfen, Angstsituationen durchzuhalten, sprich: anders zu denken. Üben Sie nun den Aufbau von hilfreichen gegensteuernden Sätzen (alternative Selbstaussagen) mit Hilfe Ihres Handlungstagebuches. Folgende Beispiele könnten Ihnen als Maßstab für den Aufbau sinnvoller „Gegeninstruktionen" dienen:

Angstkommando	*Gegeninstruktion*
Ich werde in Ohnmacht fallen.	Wenn diese Angst aufsteigt, halte ich erst einmal inne und gehe die Dinge, die ich tun möchte, langsamer an.
Ich habe Herzschmerzen und bekomme einen Herzanfall.	Ich warte erst einmal ab, ob die Schmerzen stärker werden. Ich könnte mich hinlegen und ausruhen. Außerdem weiß ich, daß mein Herz gesund ist.
Ich höre auf zu atmen und sterbe.	Ich weiß, daß niemand an einem Angstanfall sterben kann.
Ich werde versagen.	Ich probiere es erst mal, vielleicht gelingt es mir doch.

Welche hilfreichen Selbstinstruktionen könnten Sie sich in den für Sie problematischen Situationen geben oder aus den vorgegebenen Beispielen übernehmen?

Hierzu nun folgende Tips:

Bei der Erstellung der Gegeninstruktionen geht es um folgendes:
● um den Einsatz beruhigender Worte,
● um das Anführen verschiedener möglicher positiver Wahrscheinlichkeiten, die sich realisieren könnten,
● Verwendung von Begriffen wie „vielleicht" oder „möglicherweise", die die Fixierung auf negative Gedankeninhalte auflockern. Das Denken kann sich so erweitern, und kreative Lösungen können spontan auftauchen.

8.2.3 Die Karteikartentechnik

Fertigen Sie Karteikarten an. Auf die eine Seite schreiben Sie Ihr „Angstkommando" und auf die andere Seite Ihre „Gegeninstruktion".

ANGSTGEDANKE:
Ich habe Angst davor, den Anforderungen im Beruf nicht gewachsen zu sein.

HILFREICHE GEDANKEN:
1.) Eins nach dem anderen: Überleg nur, was Du jetzt zu tun hast. 2.) Leg Dir einen Plan zurecht. 3.) Mach ein paar tiefe Atemzüge zur Entspannung.

Während der Schulzeit haben Sie vielleicht Ihre Vokabeln auf diese Weise gelernt. Hier wenden Sie das gleiche Prinzip an. Sie üben anhand Ihrer Kärtchen die Gegeninstruktion so lange ein, bis Sie sie völlig verinnerlicht haben und auch in schwierigen Situationen erinnern können. Falls Sie die jeweilige Gegeninstruktion vergessen haben, brauchen Sie Ihr Kärtchen nur umzudrehen, um den hilfreichen Gedanken nachlesen zu können. Es spielt keine Rolle, ob Sie den positiven Instruktionen in diesem Moment Glauben schenken. Es geht vielmehr darum, mit dieser Methode zu einer langfristigen Veränderung Ihres mißgestalteten inneren Dialoges beizutragen. Verwenden Sie immer wieder dieselben positiven Worte und Sätze, und Sie werden bemerken, wie Sie sich durch Ihren inneren Dialog selbst beruhigen können. Nehmen Sie sich von nun an täglich einige Minuten Zeit, über Ihre – vermutlich zahllosen – Angstkommandos nachzudenken und die dazugehörigen Gegeninstruktionen aufzuschreiben. Sie haben dann bald ein kleines Karteikästchen angesammelt. Es wird für Sie besonders spannend sein, anhand Ihrer Karten Ihren Veränderungsprozeß mitzuverfolgen. Sie werden bemerken, daß ein guter Teil Ihrer Angst- und Hilflosigkeitsgedanken bald nicht oder kaum mehr auftritt. Dies ist eine sehr wirkungsvolle Technik, sich neue Gedankengänge einzuprägen.

8.2.4 Die Modell-Technik

Andere Menschen können zu Ratgebern für Sie werden. Sie können auf Gedankengänge hingewiesen werden, die Ihnen bisher selbst noch nicht eingefallen sind. Denken Sie an eine handlungsfähige, kompetente Person, die Sie mögen und schätzen. Es kann sich um jemanden aus Ihrem privaten Freundeskreis handeln oder auch um eine bekannte Persönlichkeit des öffentlichen Lebens. Was würde Ihre „Modellperson" in der hilflos machenden Situation denken? Wie und wodurch würde sie die vorhandenen Angstkommandos entschärfen? Welche Worte würde Sie verwenden?

Nehmen Sie nun Ihr Handlungstagebuch. Schreiben Sie die vermuteten Gedanken Ihrer Modellperson auf.

Beispiel:
Situation: Ich fühle mich hilflos und bekomme Angst, wenn ich vor einer Gruppe von Menschen sprechen soll.
Mein Modell würde denken:

● Ich könnte es ausprobieren.
● Nicht alle werden meine Hilflosigkeit bemerken, wenn ich spreche.
● Übung macht den Meister.
● Irgendwie kommt immer alles anders, als man denkt.
● Auch Schauspieler haben Lampenfieber und können sich vor dem oder während des Auftritts beruhigen.

8.2.5 Die Gedankenwaage

Die beste und erfolgreichste Methode zur Umwandlung der inneren Negativannahmen besteht darin, den negativen Gedanken durch einen angenehmeren und positiveren zu ergänzen. Stellen Sie sich eine Waage vor. Alle Ihre Angst und Hilflosigkeit erzeugenden Negativannahmen liegen in der linken Waagschale. Um das sich ergebende Ungleichgewicht auszubalancieren, muß die andere Schale mit positiven Vorstellungen gefüllt werden. Sie haben die Möglichkeit, einen ausgeglicheneren Zustand zu errei-

Ich kann nichts.	Ich kann handeln lernen.
Ich fürchte mich vor dem Aufzugfahren.	Ich erinnere mich an problemlos abgelaufene Aufzugfahrten zurück.
Warteschlangen an der Kasse im Supermarkt machen mir Angst.	Ich kann damit fertig werden, wenn ich mir gut zurede.
Mir bricht der Schweiß aus, wenn ich an Situation X denke.	Ich tue etwas, das mich nicht an meine Angst denken läßt.
Ich muß heute abend im Restaurant „durchhalten".	Das stimmt nicht – ich kann immer tun, was ich möchte (z. B. aufstehen und gehen).
Jeder wird meine Unsicherheit bemerken.	Andere haben auch Probleme, ich bin nicht der/die einzige.
Ich kann mich am Arbeitsplatz nicht mitteilen.	„Trau dir etwas zu!"
Ich spüre Schmerzen in der Brust.	Es wird gleich wieder vorbei sein.
Ich fürchte mich vor dem nächsten Angstanfall.	Ich kann ihn durchstehen – vielleicht wird er gar nicht so schlimm, wie ich denke.

chen, indem Sie positive Annahmen entwickeln und diese den negativen entgegensetzen.

Nehmen Sie nun Ihr Handlungstagebuch, und stellen Sie sich das beschriebene Füllen Ihrer Waagschalen bildlich vor. Malen Sie die Schalen auf. Notieren Sie links Ihre Negativannahmen, und finden Sie gleichviel Gedankeninhalte positiver, angenehmer Art für die rechte Schale. Für jede negative Annahme, die Sie notieren, ist in Ihrem Unterbewußtsein eine positive vorhanden, die Sie mit Hilfe dieser Übung hervorholen und aktivieren können. Vergegenwärtigen Sie sich immer wieder das Bild der Waage. Derartige Bilder fördern Ihre gedankliche Beweglichkeit und verändern Ihr Selbstbild.

Anmerkungen zur konkreten Vorgehensweise bei der Anfertigung Ihrer Gedankenwaage:
● Formulieren Sie Ihre Negativannahmen so konkret als irgend möglich.
● Bilden Sie positive Annahmen, die Sie den behindernden und destruktiven Annahmen gegenüberstellen können.
Sie werden sicherlich die Erfahrung machen, daß Ihnen die alten Negativannahmen zur Gewohnheit geworden sind und Ihnen positive Annahmen womöglich kaum einfallen. Geben Sie nicht vorschnell auf, sondern zeigen Sie Beharrlichkeit.

Möglicherweise wiegen Ihre negativen Gedanken so schwer, daß Sie viele Versuche benötigen, um positive Annahmen, die eine Balance herbeiführen könnten, zu erarbeiten.

8.2.6 Die Gute-Nacht-Übung

Die Gedanken, die Sie vor dem Einschlafen bewegen, wirken sich unmittelbar auf Ihr Schlaf- und Traumgeschehen aus. Wenn Sie vor dem Einschlafen nur an das denken, was Ihnen mißlungen ist, wo Sie versagt haben und sich hilflos vorkamen, so werden Sie bestimmt am nächsten Morgen energielos und wie erschlagen aufwachen, sofern Sie überhaupt einschlafen konnten. Werden Sie sich Ihrer Gedanken vor dem Einschlafen bewußt. Welche Gedanken gingen Ihnen durch den Kopf? Mit welchem Gefühl sind Sie am nächsten Morgen aufgewacht? Machen Sie sich hierzu Anmerkungen in Ihrem Handlungstagebuch. Sie können folgende Orientierungshilfe benützen:

	GEDANKEN VOR DEM EINSCHLAFEN	Erinnerte Träume Angenehm (+) oder unangenehm (–) +/–	Gefühl beim Aufwachen 0: (sehr schlecht) bis 100: (sehr gut). Schätzen Sie in %
MO			
DI			
MI			
DO			
FR			
SA			
SO			

Konnten Sie einen Zusammenhang feststellen zwischen Ihren Gedanken vor dem Einschlafen und Ihrem Gefühl beim Aufwachen? Wenn ja, nehmen Sie vor dem Einschlafen eine bewußte Gedankenkontrolle vor. Hierzu einige Tips: Hören Sie damit auf, sich vor dem Einschlafen die negativen Begebenheiten des Tages in Erinnerung zu rufen. Es ist für Ihr Wohlbefinden außerordentlich wichtig, ein angenehmes Bild vor dem Einschlafen aufsteigen zu lassen. Dies können Sie trainieren. Wählen Sie sich – vorerst ganz bewußt – aus den angegebenen Vorstellungen diejenigen aus, die Ihnen Freude bereiten. Denken Sie vor dem Einschlafen an: eine idyllische Landschaft, einen rauschenden Fluß, einen Menschen, der Sie mag und der Ihnen Komplimente macht, warmes Sonnenlicht, einen Hund, mit dem Sie spielen, Ihren Lieblingsfilm, eine gelungene Urlaubsreise, ein Buch, das Sie gerne lesen, einen blühenden Rosengarten.

Ergänzen Sie diese Motive durch Ihre eigenen! Sie werden bei konsequenter Anwendung dieser Übung nicht nur besser schlafen, sondern auch Ihre Träume werden angenehmer sein. Denken Sie beim Erwachen daran, wie Sie den kommenden Tag angenehm gestalten können. Besonders wirksam ist es, Ihre vorteilhaften Sätze gleich nach dem Aufwachen oder auch kurz vor dem Einschlafen zu praktizieren. Suchen Sie täglich vor dem Einschlafen nach ein paar kleinen „Alltagsfreuden", auf die Sie sich gedanklich konzentrieren können. Sie verankern in Ihrem Unterbewußtsein angenehme Gedankeninhalte und bewirken so, daß die in Ihrem Unterbewußtsein ebenfalls vorhandenen Katastrophenphantasien zurücktreten und an Gewicht verlieren.

8.2.7 Die Beruhigung des Horror-Kabinetts

Legen Sie in Ihrem Handlungstagebuch drei Spalten an, und beschriften Sie diese mit
1. Das Allerschlimmste,
2. Erleichterungsaussagen,
3. Das Allerbeste.
Schreiben Sie zu Punkt 1 einige Ihrer häufigsten Befürchtungen und Ängste. Was wäre das Allerschlimmste, das Ihnen passieren könnte, falls Ihre Katastrophenphantasien wirklich zu Realität würden? Tragen Sie nun in die dritte Spalte das positive Gegenbild zu Ihren Befürchtungen ein. Was wäre das Allerbeste? Füllen Sie nun die mittlere Spalte mit ganz konkreten Ideen, die Sie zur Beruhigung Ihrer Spalte 1 Sorgen und zur Hinführung zu Ihrer Spalte 3 Ziele einsetzen könnten. Das nachfolgende Beispiel soll eine Orientierungshilfe für Sie sein:

Das Allerschlimmste	Erleichterungsaussagen	Das Allerbeste
Mein Herz schlägt unregelmäßig. Ich werde einen Herzinfarkt haben.	Wenn dies geschieht, *kann ich:* ● mich mit den Worten beruhigen: Mein Herz schlägt bald wieder ruhig und gleichmäßig; ● mein Verstand weiß, daß das lediglich eine körperliche Reaktion ist, die kommt und vorübergeht.	Mein Herz ist ganz gesund.

Ich werde bei der Prüfung durchfallen.	*Ich kann:* ● die Prüfung noch mal wiederholen; ● mich von der Prüfung zurückstellen lassen und mich besser vorbereiten; ● vor der Prüfung Atemtechniken zur Beruhigung einsetzen; ● das Risiko durchzufallen bejahen.	Ich bestehe die Prüfung ganz bestimmt.
Die S-Bahn bleibt im Tunnel stecken, und ich verliere die Kontrolle.	Wenn es geschieht, *kann ich:* ● mich mit dem Nebenmann unterhalten; ● eine Zeitschrift durchblättern und mich ablenken; ● mir sagen, sie fährt in ein paar Minuten wieder weiter.	Die S-Bahn fährt zügig durch, und ich denke überhaupt nicht daran, daß etwas passieren könnte.

Das ganz konkrete Formulieren von Alternativen, die Ihnen bei tatsächlichem Eintreten eines unerwünschten Ereignisses zur Verfügung stünden, ist ein wirksamer Weg, sich mit Angst- und Hilflosigkeitsgefühlen auseinanderzusetzen. Durch vernünftiges, Ihre objektiven Möglichkeiten wahrnehmendes Bewerten der als bedrohlich erlebten Situation können Sie Ihren Katastrophengedanken eine erträglichere Form geben. Die dritte Spalte (das Allerbeste) verdeutlicht, daß in jeder Situation auch ein guter Ausgang möglich ist.

8.2.8 Das AZV-Schema

Ähnlich wie bei einer gesprungenen Schallplatte, auf der die gleiche Stelle sich ständig wiederholt, spuckt Ihr gedanklicher Computer die gleichen mißtönenden Gedanken wiederholt aus. Statt Handlungen werden Gedanken, die sich im Kreise drehen (Zerstörungsgedanken), aktiviert.

Beispiel für einen fehlgeleiteten gedanklichen Prozeß, bedingt durch einen spezifischen Auslöser:

(A) Auslöser: Jemand sitzt Ihnen in der Straßenbahn gegenüber und runzelt die Stirn.

(Z) Zerstörungsgedanke: Niemand mag mich.

(V) Veränderungsgedanken:

1. Vielleicht hat mein Gegenüber selbst Probleme.
2. Wenn er mich nicht mag, so mögen mich doch andere Leute.
3. Mein Gegenüber sieht mich dabei nicht an und meint deshalb sicherlich gar nicht mich.

Üblicherweise bleiben Sie bei dem jeweils auftauchenden „Zerstörungsgedanken" stehen. Weitere Gedanken, die Ihnen aus der Mißstimmung heraushelfen könnten, werden nicht eingeleitet. Lernen Sie nun, den Auslöser wahrzunehmen und den nachfolgenden Zerstörungsgedanken klar als solchen zu identifizieren. Entwickeln Sie zudem einen Gedanken, der in der Lage ist, Ihr Gefühl „positiv" zu verändern (= Veränderungsgedanke). Benützen Sie hierzu das im Beispiel verwendete Schema (A) – (Z) – (V). Bleiben Sie bei dem positiven Resultat, und kehren Sie nicht wie eine zerbrochene Schallplatte wieder zu der alten Sequenz zurück. Notieren Sie Ihren Veränderungsgedanken in Ihrem Handlungstagebuch, und lesen Sie ihn so lange immer wieder, bis der Zerstörungsgedanke in den Hintergrund tritt. Mit Hilfe des AZV-Schemas können Sie auch hartnäckig wiederkehrende Gedankenabläufe jederzeit unterbrechen und sich davon befreien. Wie schon erwähnt, sind komplexere Denkvorgänge bei akuten Angstanfällen kaum durchführbar. Die Abkürzung AZV kann zweierlei bedeuten, nämlich „allmählich zur Veränderung" und „Auslöser, Zerstörungs-, Veränderungsgedanke). Sie können die AZV-Technik in Krisensituationen erfolgreich einsetzen.

8.2.9 Die Wenn-dann-und-Strategie

Sie lernen bei dieser Übung Ihre „automatisch" ablaufenden angsterzeugenden Gedanken in eine andere Richtung zu lenken. Sie werden Gefahrensignale nach wie vor wahrnehmen und darauf reagieren – allerdings in neuer Weise: Sie werden diese Signale bejahen und zugleich an der Umstrukturierung Ihrer Katastrophenerwartungen arbeiten. Ihre Gedanken sind ständig in Bewegung, und deshalb ist es besonders wichtig, diese Übung systematisch, d. h. in schriftlicher Form, durchzuführen. Sie gewinnen hierdurch Kontrolle über Ihr Denken und haben so die Chance, angststeigernde Gedanken sofort zu erkennen und angstreduzierende Maßnahmen zu treffen. Ihre angsterzeugenden Gedanken treten meist in bestimmten Verknüpfungen auf, wie „wenn ich das Haus verlasse, dann werde ich wieder weiche Knie bekommen", „wenn ich einkaufen gehe, dann werden mir an der Kasse die Hände zittern", „wenn ich zum Essen ausgehe, dann werde ich im Lokal schweißgebadet sein", „wenn ich einen Hund sehe, dann zieht sich in mir alles zusammen", oder „wenn ich laute Geräusche in der Nachbarschaft höre, dann bekomme ich einen Panikanfall". Kommen Ihnen solche negativen Kausalzusammenhänge bekannt vor? Überprüfen Sie, ob Sie irgendwelche Handlungen mit negativen Vorhersagen verknüpfen. Nehmen Sie Ihr Handlungstagebuch, und fertigen Sie eine Aufstellung von Situationen an, die Sie als gefährlich einschätzen. Formulieren Sie diese in einem Wenn-dann-Zusammenhang. Beschreiben Sie angstauslösende Wenn-Gedanken und die angstmachende Dann-Konsequenz. Erarbeiten Sie nun einen Handlungsplan anhand folgender Anleitung. Verknüpfen Sie Ihre Wenn-dann-Sätze mit einem und, dem Sie eine hilfreiche Alternative hinzufügen. Hier nun einige Beispiele zur Erweiterung Ihrer Alternativgedankenliste:

WENN – DANN	UND	
Wenn ich einkaufen gehe, dann werden mir die Hände zittern	und	● es merkt bestimmt keiner. ● um mich abzulenken, schaue ich die Produkte an. ● ich sage mir, daß es bald vorbeigehen wird.
Wenn ich zur Arbeit gehe, dann habe ich Angst, daß etwas Schreckliches passieren könnte	und	● ich weiß, daß das nur ein Gedanke ist. ● ich sage mir den Satz: „Vertraue, es wird schon gutgehen." ● ich kann mich durch die Vorstellung eines angenehmen Ereignisses wieder beruhigen.
Wenn ich mich auf der Straße schwach fühle, dann habe ich Angst umzufallen	und	● ich sehe zu, mich irgendwo festhalten zu können. ● ich denke mir: „Was ist schon dabei, anderen Menschen passiert das auch hin und wieder." ● ich nehme ein paar bewußte tiefe Atemzüge.

Nehmen Sie sich jetzt Ihre Aufstellung Angst und Hilflosigkeit auslösender Situationen vor, und überlegen Sie, was Sie im Ernstfall tun könnten. Die *Wenn-dann-und*-Technik ist wirkungsvoll, weil Sie die negativen Gedanken nicht verdrängen, sondern identifizieren und annehmen. Sie stellen die negative Erwartung, etwa umzufallen oder zu versagen, einfach in einen anderen Zusammenhang. Sie korrigieren hierdurch fehlerhafte Erwartungshaltungen. Trainieren Sie sich alternative Gedanken an, damit Sie in bedrohlichen Situationen zunehmend Kontrolle ausüben können. Die Beispiele geben Ihnen Anleitung. Probieren Sie es aus. Üben Sie. Nehmen Sie sich Zeit, alternative und hilfreiche Gedanken zusammenzustellen.

8.2.10 Die Was-wäre-wenn-Veränderungstechnik

Gehören Sie auch zu den Menschen, die ständig in Was-wäre-wenn-Kategorien denken? Ihr innerer Dialog gestaltet sich dann folgendermaßen:

● Wenn ich keine Angst hätte, dann würde ich mit dem Zug fahren.
● Wenn ich selbstsicherer wäre, dann könnte ich handeln.
● Wenn ich einen Partner hätte, dann wäre ich sicherer.

Eine geläufige Variante dieses Denkens ist: „Hätte ich, dann wäre". Seien Sie ehrlich zu sich selbst! Wie viele dieser „Was wäre wenn" – oder „Hätte ich wäre"-Sätze begleiten Ihren Alltag? Überlegen Sie, ob Ihnen diese Denkstrategie schon einmal geholfen hat, Ihre Angst- und Hilflosigkeitsgefühle zu bewältigen? Sicher werden Sie feststellen, daß solche Gedanken weder hilfreich noch stärkend waren. All Ihre „Was wäre wenn" – und „Hätte ich doch"-Gedanken führen lediglich zu einer Steigerung Ihrer Unzufriedenheit und Hilflosigkeit. Entschärfen Sie solche Gedankengänge durch gegenwartsbezogene Überlegungen.

8.2.11 Die Analyse des Gedankendramas

Angst und Hilflosigkeit erzeugende Gedanken werden nicht konsequent zu Ende gedacht. Das Denken kehrt immer wieder zur Erstwahrnehmung der Bedrohung zurück. Hierzu ein Beispiel: Auf einer Party sind Sie dem Gedanken verhaftet, Sie könnten aufgrund Ihrer Unsicherheit und Angst womöglich zu stottern beginnen. Ihre Knie könnten versagen oder Sie könnten das Weinglas zu Boden fallen lassen, weil Ihre Hände so sehr zitterten. Diese unangenehmen Vorstellungen wiederholen Sie zwanghaft immer wieder, anstatt die Situation weiter zu bedenken und dabei festzustellen, daß selbst beim tatsächlichen Eintreten einer Ihrer allerschlimmsten Befürchtungen (z. B. Versagen der Knie) die Welt keineswegs unterginge. Der besorgte Gastgeber würde Ihnen vielmehr wieder auf die Beine helfen oder Ihnen einen Platz anbieten, wo Sie sich kurz niederlegen und ausruhen könnten.

Nehmen Sie Ihr Handlungstagebuch, und notieren Sie im Hinblick auf eine zukünftige Situation Ihre Hauptbefürchtungen. Stellen Sie sich die Frage, was geschehen würde, wenn das Befürchtete tatsächlich eintreten würde. Was könnte passieren, wenn Ihnen schwindelig würde und Sie umfielen? Würden Sie es überleben? Es wird zwar ein unangenehmes Erlebnis für Sie sein, aber Sie könnten es sowieso nicht verhindern. Es geschieht einfach! Und dann? Irgend jemand würde Ihnen vermutlich helfen, oder Sie selbst würden sich wieder erholen, aufstehen, und die unangenehme Situation wäre bald (wahrscheinlich schon nach wenigen Minuten) vorbei. Suchen Sie sich nun ein für Sie zutreffendes Beispiel heraus, und beschreiben Sie dieses so konkret als irgend möglich. Verwenden Sie hierfür die nachfolgenden Fragen:

- Was wäre, wenn die allerschlimmste Befürchtung tatsächlich einträte?
- Wo geschähe das befürchtete Ereignis?
- Welche körperlichen Beeinträchtigungen könnten sich ergeben?
- Wie könnten Sie nach Eintreten der befürchteten Situation diese noch beeinflussen?
- Wie verhielten sich die Menschen, die dabei wären?
- Würde jemand helfen?
- Was geschähe nachher?

Selbst das Allerschlimmste läßt noch verschiedene Handlungsmöglichkeiten offen, die Sie bei entsprechendem Überdenken erkennen können.

8.2.12 Das Klassenzimmer des Lebens

Ihr Leben ist vergleichbar mit einer Schule, in der Sie von Klasse zu Klasse gehen. Jede Klassenstufe ist mit Herausforderungen und Aufgaben eigener Art gefüllt. Manchmal haben Sie auch Fächer, in denen Sie etwas Nachhilfe benötigen. Solche Nachhilfe will dieses Buch bieten. Stellen Sie sich vor, Sie seien von Beruf Lehrer.

In Ihrem Lehrplan ist „Bewältigung alltäglicher Schwierigkeiten" vorgesehen. Ihre Schüler möchten einen guten Unterricht erhalten. Sie als Lehrer können das pädagogische Vorgehen selbst entwickeln. Führen Sie nun folgendes Phantasiespiel durch:

Wählen Sie eines Ihrer Angstthemen aus, und stellen Sie sich dann einen Schüler in Ihrer Phantasieklasse vor, der Ihr konkretes Problem hat. Entscheiden Sie sich dafür, diesem Schüler Nachhilfeunterricht zu geben. Lassen Sie ihn zunächst die angstauslösende Situation ganz genau beschreiben. Setzen Sie sich nun mit Ihrem Schüler (der einen Ihrer eigenen Persönlichkeitsanteile repräsentiert) hin, und erarbeiten Sie einen schriftlichen Plan. Diesen unterteilen Sie folgendermaßen:

● Angstsituation: Genaue Beschreibung der angstauslösenden Situation.
● Lernziel: Was soll gelernt werden? Welche Einstellungen, Gedanken und Verhaltensweisen sollen sich ändern?
● Positive Selbstaussagen: Welche tröstlichen oder beruhigenden Worte oder Sätze könnten eingesetzt werden?
● Übungs- und Handlungsprogramm: Welche Aktionen sind erforderlich? Wie können diese umgesetzt werden?

Diese Übung wird bei gewissenhafter Durchführung einige Zeit in Anspruch nehmen. Sie wird Ihnen jedoch auf ganz praktische Weise mögliche Selbsthilfestrategien verdeutlichen.

8.3 Die Schnatterkiste

Wenn Ihre Gedanken sich um Angst- und Hilflosigkeitsgefühle drehen (Katastrophenphantasien), bleibt Ihnen nur wenig Zeit, sich mit angenehmen Vorstellungen und Erinnerungen zu beschäftigen. Der erste aktive Griff in die „Schnatterkiste" der Angst- und Hilflosigkeitsgefühle ist getan, wenn Sie für Ihre selbstzerstörerischen und selbstabwertenden Gedankengänge Verantwortung übernehmen. Den Deckel Ihrer inneren „Schnatterkiste" zu schließen oder sie gar zu entleeren ist nicht einfach, da Ihnen Ihre negativen Gedankengänge zu vertrauter Gewohnheit geworden sind. Hier nun einige Übungen, die Sie anwenden können, wenn die negativen Gedanken zu häufig auftreten oder sich zu stark in den Vordergrund drängen.

8.3.1 Fragetechnik

Denken Sie stets daran, daß der phantasierte unangenehme Ausgang eines Ereignisses nur einer unter mehreren Möglichkeiten ist. Entleeren Sie nun Ihre Schnatterkiste mit Hilfe der folgenden Fragen:

- Habe ich Beweise für meine Befürchtung? Wie oft ist das befürchtete Ereignis in den letzten Monaten tatsächlich eingetreten?
- Ist das befürchtete Ereignis bisher in jeder Situation eingetreten, oder hat es sich nur in bestimmten Situationen gezeigt?
- Wie hoch ist die Wahrscheinlichkeit (in Prozent), daß das befürchtete Ereignis in der nächsten Woche eintritt?
- Was wäre eigentlich das Allerschlimmste, wenn meine Befürchtung einträte? Wie könnte ich mir dann helfen?

Beispiel:
Sie sollen vor Ihren Mitarbeitern ein Referat halten, und allein bei dem Gedanken daran bekommen Sie schon Herzrasen, Kopfweh und ein flaues Gefühl im Magen. Der Satz aus der Schnatterkiste könnte in diesem Zusammenhang heißen: „Ich bin ein Versager." Haben Sie Beweise dafür? In welchen bisherigen Situationen haben Sie tatsächlich versagt? Was haben Sie bislang – obwohl Sie Ihrer Meinung nach ja ein Versager sind – an „Positivem" erreicht? Oder haben Sie wirklich jedesmal versagt? Wie groß ist die Wahrscheinlichkeit, daß Sie in der Tat versagen, wenn Sie sich gut vorbereiten? Das Allerschlimmste wäre vermutlich, daß Sie zu stottern beginnen würden und das Referat abbrechen müßten. Was könnten Sie dann tun, um – vielleicht später – Ihr Referat doch noch zu halten?

8.3.2. Die Umgestaltung der Erinnerungskiste

Diese Übung bezieht sich auf ein vergangenes Ereignis, das Sie schriftlich analysieren sollen. Erinnern Sie sich an eine Situation zurück, die bei Ihnen Angst- und Hilflosigkeitsgefühle erzeugt hat. Führen Sie sich die Ereignisse, die damit verbunden waren, nochmals ganz deutlich vor Augen. Nehmen Sie nun Ihr Handlungstagebuch, und tragen Sie auf der linken Seite die Gedanken ein, die zu Ihrem Gefühl der Hilflosigkeit beigetragen haben. Je mehr Stör- und Negativgedanken Sie hierbei identifizieren können, desto besser. Überlegen Sie, auf welche andere Art und Weise Sie das Problem vielleicht hätten lösen können. Beantworten Sie nun schriftlich folgende Fragen:

● Welche äußeren Faktoren haben zu der Entstehung der Angst beigetragen?
● Welche Katastrophengedanken hatten Sie schon vor Eintritt der Situation?
● Welche Handlung hätten Sie durchführen können, die Situation zu wandeln?

8.3.3. Die Ich-kann-Übung

Diese Übung wird zuerst im Sitzen durchgeführt. Legen Sie eine Stoppuhr vor sich hin, und widmen Sie sich eine Minute lang einem für Sie angstbesetzten Thema. Erheben Sie sich nach Ablauf der vorgegebenen Zeit sofort, damit Sie eine veränderte Körperhaltung einnehmen können. Formulieren Sie dann ganz bewußt Sätze über Dinge, die Sie gut können (sog. „Ich kann"-Sätze).

Beispiel einer Klientin: Maria hat Angst davor, daß sie erröten könnte. Sie konzentriert sich eine Minute lang auf diesen Angstinhalt, stellt sich vor, daß sie bei dem Gespräch mit Kollegen „knallrot" anlaufen könnte, und bemerkt, wie peinlich ihr das vor dem jeweiligen Gesprächspartner wäre. Ihre „Ich kann"-Sätze lauten folgendermaßen:

● „Ich kann gut zuhören", „ich kann mich hübsch anziehen", „ich kann mich in Englisch gut verständigen".

Die „Ich kann"-Sätze beziehen sich bei unserem Beispiel nicht auf die kritische Situation (mögliches Erröten), sondern die Klientin äußert spontane Einfälle zu dem Stichwort „ich kann". Bei dieser Übung denken Sie nicht nur an den von Ihnen als defizitär erlebten Lebensbereich, sondern stärken sich durch die bewußte Erinnerung an funktionsfähige Lebensbereiche, die mit dem eigentlichen Problem nur indirekt verbunden sind.

8.3.4 Das Wertschätzungsspiel

Schreiben Sie in Ihr Handlungstagebuch auf eine rechte Seite all die Eigenschaften, die Sie an sich mögen. Sie sollten mindestens zehn verschiedene Punkte finden. Listen Sie nun auf der gegenüberliegenden Seite Ihre zehn schwächsten Eigenschaften auf, diejenigen also, die Sie gerne an sich ändern möchten.

Vergleichen Sie nun die beiden Seiten miteinander. Welche fiel Ihnen leichter? Suchen Sie sich nun aus der positiven Aufstellung eine Eigenschaft heraus, und gestalten Sie damit einen Satz, den Sie mit „Ich kann ..." beginnen (z. B.: „Ich kann gut zuhören", „Ich kann anderen Menschen mit Geschenken eine Freude bereiten"). Entscheiden Sie sich dazu, im Laufe des heutigen Tages, diesen Satz so oft als möglich in Ihr Denken einfließen zu lassen. Konzentrieren Sie sich mehr auf Ihre Fähigkeiten als auf Ihre vermeintlichen Unfähigkeiten. Sie können diese Übung an verschiedenen Tagen mit jeweils anderen „Ich kann"-Sätzen durchführen. Bei wiederholter Anwendung werden Ihnen gewiß noch weitere positive Eigenschaften einfallen, deren Sie sich möglicherweise bis heute gar nicht bewußt waren.

8.3.5 Die Erfolgserlebnisübung

Stellen Sie sich eine schöne Naturszene im Frühling vor. Es ist warm. Sie hören die Vögel zwitschern; die Bäume zeigen die ersten Blätter, und überall um Sie herum beginnt es zu blühen. An so einem Tag fühlen Sie sich bestimmt zufrieden und ausgeglichen. Ihr Leben besteht nicht nur aus Angst und Hilflosigkeitsgefühlen, Problem- und Konfliktgedanken, sondern auch aus angenehmen Erinnerungen und Vorstellungen, die Sie jederzeit hervorholen können. Die Erinnerung an positive Erlebnisse (wie z.B. eigene Erfolge) können Sie jetzt wieder lebendig werden lassen. Was ist Ihnen z.B. letzte Woche gut gelungen? Notieren Sie die zehn wichtigsten Erfolge des zurückliegenden Jahres in Ihr Handlungstagebuch. Bedenken Sie, daß diese Erfolge nicht „zufällig" geschahen, sondern stets mit eigenen Handlungen verbunden waren. Beziehen Sie in die Aufstellung Ihrer Erfolge nicht nur berufliche Leistungen mit ein, sondern denken Sie auch an Situationen, die Sie im Freundeskreis gut gemeistert haben (z.B. eine Einladung gestalten). Denken Sie an Begebenheiten, deren Bewältigung Ihnen zwar nicht leichtfiel, die Sie jedoch trotzdem durchgestanden haben – trotz Ihrer Angst. Überlegen Sie sich nach Fertigstellung Ihrer Notizen auch, durch welches aktive Tätigwerden Sie die jeweilige Situation erfolgreich gemeistert haben. Erfolg besteht aus den Elementen Denken und Tun!

8.3.6 Die Gefühlsschaukel

Angst und Hilflosigkeitsgefühle haben ebenso ihren Platz im Leben wie freudige und angenehme Empfindungen. Finden Sie nun – schriftlich – heraus, durch welche Gedanken Sie angenehme oder unangenehme Gefühle in sich erzeugen. Negative Gedanken summieren sich und führen zu einer kritischen Schwelle, an der die Rückkehr in einen normalen Gefühls- und Denkzustand nicht mehr möglich ist und sich auch körperliche Reaktionen einzustellen beginnen. Zur Verdeutlichung des Prozesses, bei dem Sie sich selbst in negative Gefühlsstimmungen hineinmanövrieren, erstellen Sie nun Ihre persönliche „Angstkurve". Sammeln Sie Gedanken und Erlebnisse, die Sie aus einer eher angenehmen Grundstimmung immer weiter in eine unangenehme Gefühlslage hineinziehen, bis schließlich ein kritischer Punkt erreicht ist, nach dessen Überschreiten eine Umkehr nicht mehr möglich erscheint. Ihr Angstanfall verläuft dann in der ihm eigenen Dynamik. Ebensowenig wie Sie eine Welle, die Ihrem Gipfelpunkt zustrebt, zurückhalten können, wird es Ihnen möglich sein, dem Angstanfall während seines Höhepunktes Einhalt zu gebieten. Sie müssen dann einfach abwarten, bis die Angst sich gelegt hat und die körperlichen Begleiterscheinungen abgeklungen sind und sich Ihr Organismus wieder beruhigt hat. Wie ein Surfer werden Sie aus einem Wellental von der gleichen Welle wieder nach oben getragen. Erstellen Sie anhand des folgenden Beispiels Ihre eigene „Angstkurve":

Überlegen Sie nun, welche körperlichen Symptome, Vorstellungen, Gedanken oder Handlungen bewirken könnten, die kritische Schwelle nicht zu überschreiten. Ob es bei diesem fast automatisch ablaufenden Geschehen nicht eine Denk- oder Handlungsmöglichkeit für Sie gäbe, die Sie schneller nach oben tragen könnte. Machen Sie sich an Hand der von Ihnen erstellten Angstkurve die Gründe bewußt, die zur Aufrechterhaltung und Auslösung Ihres Angstanfalles beitragen könnten. Schreiben Sie das Ergebnis Ihrer Überlegungen in Ihr Handlungstagebuch.

8.4 Der Zweifler in Ihnen

In jedem von uns gibt es jenen Persönlichkeitsanteil, der sich Zweifler nennt. Er ist Bestandteil Ihrer Schnatterkiste. Der Zweifler hat viele verschiedene Stimmen und mischt sich meist sehr streng und verurteilend in Ihre Gedanken ein. Er flüstert Ihnen etwa leise zu: „Auch diese Übungen werden dir nicht helfen", oder „Du kannst dich sowieso nicht verändern", „Denkst du denn wirklich, du schaffst das, was du dir vornimmst?", „Bist du tatsächlich gut genug, um diese Aufgabe auszuführen?" Der Zweifler ist ein Teil Ihres Gefühlsbereiches, der immer wieder Ihren Veränderungsprozeß zu boykottieren sucht. Sie können diesem zweifelnden Teil nur begegnen, wenn Sie auch hilfreichen Stimmen einen Platz einräumen. Gebieten Sie dem Zweifler Einhalt, sagen Sie sich innerlich ein lautes „stop". Denken Sie zuerst den negativen Gedanken des Zweiflers zu Ende, und bitten Sie dann Ihre positive innere Stimme um einige hilfreiche Bemerkungen. Stellen

Phase, in der Bewältigungsstrategien eingesetzt werden können:

- schlechter Traum
- zu spätes Aufstehen
- Bus fährt vor der Nase weg; Verspätung am Arbeitsplatz
- Ärger (Kollege X macht eine dumme Bemerkung)
- Arbeitsfehler tritt auf
- unangemessene Gedanken stellen sich ein, z. B. „ich kann nichts", „ich mache immer alles falsch"
- Anspannung „hoffentlich bemerkt niemand, daß ich etwas falsch gemacht habe"
- Wahrnehmung eines schnelleren Herzschlages
- Gefühl, nicht mehr richtig zu atmen
- die körperlichen Symptome werden als gefährlich interpretiert, Warnung vor etwas Schrecklichem, das bald geschehen könnte
- diese Vorstellung erzeugt noch mehr Angst

Summe negativer Erlebnisse = langsamer Angstanstieg

Maximale Angstphase

Kritischer Bereich

Zunahme der körperlichen Symptome
Einsetzen physiologischer Veränderungen
vermehrte Adrenalinausschüttung

Langsamer Angstabfall

Normalzustand

Sie sich den Zweifler durchaus als Person vor, und bringen Sie ihn mit Worten dazu, Sie in Ruhe zu lassen. Sie haben neben dem Zweifler auch andere Persönlichkeitsanteile! Suchen Sie Kontakt zu dem mutigen Teil in Ihnen, der etwa folgende Botschaft geben könnte:

- „Versuche es noch einmal."
- „Du lernst durch Erfahrung."
- „Getraue dich, Neues auszuprobieren."
- „Du kannst trotz deiner Angst handeln."

Erlauben Sie dem Zweifler nicht, das letzte Wort zu haben. Üben Sie sich darin, Ihrem mutigen Teil das letzte Wort zu geben. Lassen Sie sich dies zur Gewohnheit werden, die Sie Ihr Leben lang beibehalten können.

Hierzu nun folgende Übung:

8.4.1 Der Dialog mit den inneren Dämonen

Bei dieser Übung werden Sie dazu ermutigt, mit Ihren „Schattenaspekten", in denen Ihre Gefühle von Angst und Hilflosigkeit Ihre Wurzeln haben (im folgenden als Angstdämonen bezeichnet), ein Gespräch zu führen. Dieser Dialog soll zur besseren Orientierung schriftlich geführt werden. Hören Sie in sich hinein. Mit welchen Gedanken beginnt Ihr Angstdämon sein Spiel? Vielleicht flüstert er Ihnen etwas ein wie: „Du hast schon so oft vergeblich versucht, mit deiner Angst zurechtzukommen, warum sollte es dieses Mal klappen?" Antworten Sie nun Ihrem Angstdämon. Beginnen Sie die Antwort mit der Einleitung: „Du täuscht dich, denn ..." Hierzu nun folgende Beispiele:

Angstdämon: „Deine Situation am Arbeitsplatz ist hoffnungslos, weil du unfähig bist."

Antwort: „Nein, du täuscht dich, denn ich kann mich in die neue Aufgabe einarbeiten."

Angstdämon: „Du wirst im Aufzug einen Panikanfall haben."

Antwort: „Nein, du täuscht dich, denn ich konnte tief durchatmen und dir immer wieder vorsagen, daß ich jede Situation bewältigen kann."

Stellen Sie auch Gedanken zusammen, die Ihnen helfen, die

Stimme des Angstdämons zu entkräftigen. Setzen Sie den Dialog so lange fort, bis der Angstdämon die Lust an diesem Spiel verloren hat und Sie diese Übung mit einer positiven Feststellung beenden können. Sammeln Sie all die Ideen und Einfälle, die Sie dem Dämon wirkungsvoll entgegensetzen können, in Ihrem Handlungstagebuch. Schreiben Sie auch Ihre Erfolge auf!

8.4.2 Der strenge Richter

Sie alle haben eine Vorstellung von Ihren Fähigkeiten. Diese kann nun entweder Freund und Helfer sein oder wie ein anklagender oder verurteilender Richter. Sie kennen sich selbst am besten und somit auch Ihre Schwachstellen und Schattenseiten. Überwiegt ein negatives Selbstbild, ist es für Sie wichtig, mit Hilfe des vorliegenden Übungsprogrammes auch Ihre positiven Seiten feststellen und wertschätzen zu können. Sie sind nicht nur ängstlich und hilflos. Solange Sie glauben, daß Sie als Person sich nur aus Angst- und Hilflosigkeitsgefühlen zusammensetzen, werden Sie kein Vertrauen zu sich selbst entwickeln können. Nehmen Sie auch Ihre anderen Teile wahr. Schicken Sie Ihren strengen Richter auf Reisen, während Sie sich mit diesem Buch beschäftigen. Laden Sie freundliche, nicht bewertende, verzeihende innere Stimmen ein, die Ihren Prozeß unterstützend begleiten. Führen Sie nun folgende Übung in Ihrem Handlungstagebuch durch:

● Mit welchen Sätzen meldet sich der strenge und verurteilende Richter?
● Wie lange dauert sein Anklagevortrag üblicherweise (Minuten)?
● Mit welchen Sätzen meldet sich der mutige Teil?
● Wie könnten Sie den mutigen Teil unterstützen und dafür sorgen, daß Ihnen immer mehr mutige und stützende Ideen einfallen?

Erschaffen Sie sich nun einen Verteidiger, der zu Ihren Gunsten aussagt. Notieren Sie die Sätze des Richters links in Ihrem Handlungstagebuch und die des Verteidigers rechts.

Beispiel:

Richter: „Du wirst dein Leben lang ein Versager sein. Alle anderen sind besser als du."

Verteidiger: „Er hat bei Situation X gute Erfolge erzielt."

Stellen Sie sich bei der Stimme Ihres Verteidigers tatsächlich jemand vor, der es gut mit Ihnen meint und den Sie für Ihre Verteidigung engagiert haben könnten. Wenn Sie so tun, als ob eine dritte Person Sie verteidigt, distanzieren Sie sich von Ihren eigenen Minderwertigkeitsgefühlen und werden offen für neue Ideen. Selbstanklagen und Selbstvorwürfe können – obwohl sie über viele Jahre hinweg entstandene Verhaltensentwürfe sind – gut unterbrochen werden durch die Erfindung einer dritten Person, die Ihren reiferen, wissenderen, auch verzeihenderen Persönlichkeitsanteil repräsentiert. Ideen Ihres inneren Verteidigers bewirken eine Korrektur Ihres Selbstbildes.

8.5. Die Selbsthilfe durch kreatives Schreiben

Nun folgende Papier- und Bleistift-Übungen regen einen spielerischen Umgang mit den eigenen Problemgefühlen an. Durch kreatives Schreiben soll eine Distanzierung von den gegenwärtigen Angstinhalten bewirkt werden. Gestalten Sie Ihre eigenen Übungen! Je kreativer und selbsttätiger Sie mit Ihren Angst- und Hilflosigkeitsgefühlen umgehen, desto eher besteht die Chance, daß Sie sich auch in einer realen Krisensituation an eine – womöglich von Ihnen selbst erdachte – Selbsthilfemaßnahme erinnern.

8.5.1 Die Sprachspielübung

Wenn Ihre Gedanken angstvoll auf eine noch nicht eingetretene Situation gerichtet sind und Sie noch genügend Zeit haben, sich mittels einer Übung selbst zu beruhigen, können Sie folgendes tun: Nehmen Sie Papier und Bleistift zur Hand und ergänzen Sie der Reihe nach die folgenden unvollständigen Sätze:

● Ich bemerke … ● Ich vermute … ● Ich wundere mich … ● Ich erwarte … ● Ich denke … ● Ich befürchte … ● Ich fühle mich enttäuscht … ● Ich bin fröhlicher … ● Ich möchte … ● Ich hoffe … ● Ich entscheide mich … ● Ich tue …

Hierzu nun ein Beispiel einer Klientin:

- Ich bemerke, daß mein Herz schneller zu schlagen anfängt.
- Ich vermute, daß ich doch nicht außer Haus gehen kann.
- Ich wundere mich, daß ich schon wieder vor dem Einkaufen gehen Angst habe.
- Ich erwarte, daß ich mir selbst nicht helfen kann.
- Ich denke, daß es immer das Gleiche ist.
- Ich befürchte, daß auch diese Übung keinen Sinn hat.
- Ich fühle mich enttäuscht, weil andere nicht so mit sich kämpfen müssen.
- Ich bin fröhlicher, wenn ich trotz meiner Angst handeln kann.
- Ich möchte, daß ich mich jetzt beruhige.
- Ich hoffe, daß ich trotzdem gehen kann.
- Ich entscheide mich, nun meine Einkaufstasche zu nehmen und außer Haus zu gehen.
- Ich tue das, was mich weiterbringt.

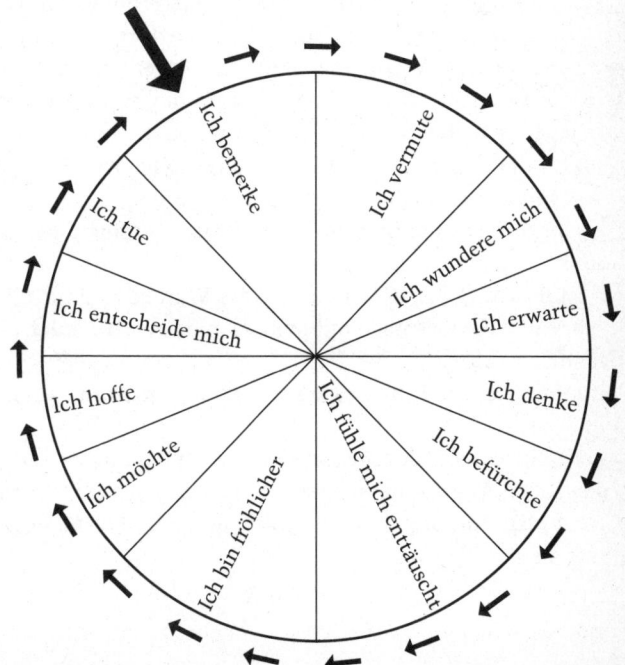

Diese Übung bewirkt, daß Sie Ihre Angst ganz spezifisch beschreiben und vage Befürchtungen so konkret faßbar werden können. Die Strukturierung durch die einleitenden Worte ermöglicht Ihnen einen sachlicheren Umgang mit der bevorstehenden Angstsituation. Sie gewinnen eine andere Einstellung zu Ihrem Angstthema. Ihr Denken richtet sich darauf aus, aktives Handeln wieder möglich werden zu lassen.

8.5.2 Die Schriftverkleinerungstechnik

Nehmen Sie ein Blatt zur Hand, und schreiben Sie verschiedene Strategien auf, die Ihnen zeigen, wie Sie eine schwierige angstbesetzte Situation erfolgreich bewältigen könnten. Entscheiden Sie sich dann für eine dieser Strategien, und schreiben Sie diese mehrmals ab, und verkleinern Sie jedesmal Ihre Schrift. Die kleinere Schrift erfordert mehr Konzentration und erhöht die Wahrscheinlichkeit, daß die beschriebene Strategie fortan auch in der Krisensituation zur Verfügung steht und Ihnen sofort einfällt. Eine Klientin erlebte Angst- und Panikgefühle, wenn sie sich in einer längeren Warteschlange befand, etwa an der Kasse eines Supermarktes. Hier nun einige Beispiele dieser Klientin: Petra überlegt verschiedene Selbsthilfestrategien, wie z.B.
- Ich gebe mir – an der Kasse anstehend – das Kommando: „Angst kommt und geht vorbei".
- Ich zähle von 1 bis 10, damit mir das Warten leichter fällt.
- Ich beginne ein Gespräch mit jemand anderem, um mich abzulenken.
- Ich atme tief durch und sage mir dabei: „Ich kann, wenn ich will."

Petra entscheidet sich für die erste Strategie und konzentriert sich auf den Satz: „Angst kommt und geht vorbei", den sie mehrmals in ihrem Handlungstagebuch einträgt. Bei jeder Eintragung verkleinert sie ihre Schrift.

8.5.3 Die Brief-an-mich-selbst-Technik

Schreiben Sie einen Brief an sich selbst. Sprechen Sie sich in diesem Brief mit Vornamen und in der Du-Form an. Bringen Sie alle belastenden Gefühle und Gedanken zu Papier. Sie brauchen während des Schreibens keineswegs irgendwelche Lösungen zu finden. Es geht vielmehr darum, eine Momentaufnahme Ihres Gefühlszustandes zu zeichnen. Schicken Sie diesen Brief an sich selbst auch ab. Sie werden beim Erhalt ein oder zwei Tage später bemerken, daß sich die beschriebene Gefühlssituation wesentlich verändert hat. Gefühle unterliegen ständigem Wandel. Was Sie jetzt, in diesem Moment, empfinden, wird sich morgen ganz anders für Sie darstellen. Gefühle sind aber auch bewußt und aktiv wandelbar. In einer Angst oder Hilflosigkeit erzeugenden Situation gehen die meisten Menschen allerdings davon aus, ihre Gefühle des Unwohlseins seien völlig unveränderlich und würden sich auch zeitlich fortsetzen. Wenn Sie jetzt Angst haben, weil Sie sich einer bestimmten Situation nicht gewachsen fühlen, bedeutet dies noch lange nicht, daß es Ihnen in einer Woche genauso gehen wird. Ihre eigene Erwartung hinsichtlich der Unveränderbarkeit und Langfristigkeit unbehaglicher Gefühle läßt diese tatsächlich länger anhalten. Benützen Sie in Ihrem Brief auch Worte wie „im Moment", „jetzt", „gerade", „zur Zeit". Durch diese Wortwahl bestärken Sie Ihre Erkenntnis, daß auch intensive Problemgefühle nur für kurze Zeitspannen auftreten. Beenden Sie den Brief an sich selbst mit einem Satz, in dem das Wort „irgendwann" vorkommt, wie z. B. „irgendwann wird alles gut" oder „irgendwann werde ich wieder einkaufen gehen können". Sie stimmen sich mit diesem Satz auf eine positive Zukunft ein und wirken so Ihrem Katastrophendenken entgegen. Machen Sie dies kleine Experiment, und sehen Sie Ihrem Brief mit Neugier entgegen. Diese Übung eignet sich insbesondere in akuten Krisensituationen, wenn Sie sich von Angst- und Hilflosigkeitsgefühlen überwältigt fühlen. Sie können sich damit relativ rasch wieder beruhigen. Gerade in Streßsituationen sollten Sie Papier und Bleistift zur Hand nehmen und einen Brief an sich selbst schreiben. Nachfolgend das Beispiel einer Klientin:

„Liebe Sabine,

Du bist so verzweifelt, weil Du Dich heute zittrig fühlst und ein flaues Gefühl im Magen hast. Der Schweiß bricht Dir aus, die rechte Hand zuckt. Du hast schreckliche Angst. Alles fühlt sich irgendwie so unheimlich und bedrohlich an. Du verlierst die Kontrolle über den Körper, das Zittern wird noch schlimmer. Kannst Du denn jemals wieder auf die Straße gehen? Du denkst an Deinen Kurs, den Du heute nachmittag besuchen möchtest. Alles so weit weg. Die Angst frißt Dich irgendwie auf. Gibt es denn wirklich nichts, was hilft? Du könntest Dich allerdings erst einmal hinsetzen, Dir Musik anmachen, die Hände auf den Bauch legen und Dir wünschen, daß Dich die Musik von diesem so unangenehmen inneren Zittern ablenkt. Vielleicht hilft Dir das, damit Du Dich etwas beruhigen kannst. Du hast Dich vorhin am Telefon so erregt, weil Dir Dein Freund etwas sagte, das Dich kränkte. Macht nichts, Du wirst jetzt alle Kraft zusammennehmen, um Dich zu beruhigen. Deine beste Freundin hat morgen Geburtstag. Das Leben geht also weiter trotz Deiner Angst. Du weißt ja auch schon längst, daß diese Zustände irgendwann vorübergehen und überhaupt nicht so lange andauern, wie Du befürchtest. Nimm Dir jetzt also 10 Minuten Zeit, um Dich auszuruhen, und all die Aufregung und Anspannung wird schon bald vorbei sein. Der Bauch fühlt sich schon etwas weniger angespannt an, auf irgendeine Art und Weise ‚ruhiger'. Atme und werde ruhig! Jetzt bemerkst Du auf einmal, daß draußen ein Vogel vorbeifliegt. Geh doch auch mal ans Fenster und sorge für Frischluft. Es wird Dir gleich wieder besser gehen!"

Es handelt sich hier um den Brief einer Klientin, die schon eine Reihe an Übungen zur Angstbewältigung erlernt hat. Ihr eigener Brief wird womöglich etwas länger ausfallen. Bei aufmerksamem Lesen des Beispielbriefes werden Sie bemerken, daß sich Sabine von einer anfänglich als sehr dramatisch erlebten Angststimmung im Zuge des Schreibens zu einer anderen gedanklichen Haltung hinbewegt. Sie kommuniziert mit sich selbst. Sie beschreibt und schildert ihren gegenwärtigen Zustand. Sie teilt genau mit, was in ihr vorgeht, wodurch sie erreicht, daß die üblicherweise mit der Angst verbundenen rastlosen Gedanken beruhigt werden. Durch

Ihr Schreiben können Sie mit dem Teil in Ihnen in Kontakt treten, der überlegt, handeln und Ihnen beistehen kann, die Krise zu bewältigen. Jeder Mensch – auch Sie – hat Zugang zu der „hilfreichen inneren Stimme", auch „innere Weisheit" genannt.

8.5.4 Die Hochstaplerübung

Manche Menschen können sich gut vorstellen, daß es positive Wendungen für andere gibt, bei sich selbst jedoch glauben sie nicht an Entwicklungsmöglichkeiten. Haben Sie sich auch schon bei dem Gedanken ertappt, einige der hier vorgestellten Übungen zwar ganz gut zu finden, innerlich aber davon auszugehen, daß Sie selbst nichts dadurch hinzulernen können? Sollte dies der Fall sein, so möchte ich Ihnen die nachfolgende Übung ganz besonders ans Herz legen. Führen Sie die Übung in den eigenen vier Wänden durch! Nehmen Sie sich viel Zeit, und gehen Sie gedanklich in eine Ihrer spezifischen Angstsituationen hinein. Stellen Sie sich das Allerschlimmste vor, was passieren könnte. Schreiben Sie auf, was dieses Allerschlimmste für Sie sein könnte – und übertreiben Sie es noch! Steigern Sie sich ruhig hinein! Eine Klientin litt an Agoraphobie (= Furcht vor weiten Plätzen). Sie schrieb zu dieser Übung folgende Zeilen:

„Ich werde nie mehr aus dem Haus gehen können, mein Partner wird mich deshalb verlassen, ich muß meinen Beruf aufgeben, weil ich zu nichts mehr in der Lage bin, meine Knie zittern, ich könnte zu schreien beginnen und verrückt werden. Meine Nachbarn werden den Notarzt rufen und veranlassen, daß ich in die Psychiatrie eingewiesen werde. Ich werde nie mehr herauskommen, und meine Kinder werden mich vergessen."

Sammeln Sie all das negative Material, daß Sie sich vergegenwärtigen können, und schreiben Sie es auf. Betrachten Sie dann Ihren Text, und schätzen Sie bei jeder einzelnen Aussage ein, mit welcher realen Wahrscheinlichkeit die von Ihnen formulierten Befürchtungen in der Tat eintreten könnten. Verwenden Sie zur Einschätzung der Wahrscheinlichkeit eine Skala von 0–10, wobei 10 die größtmögliche Wahrscheinlichkeit bedeuten soll. Nun be-

steht Ihre Aufgabe darin, den vor Ihnen liegenden Text umzugestalten. Schreiben Sie genau das Gegenteil dessen auf, was Sie
befürchtet haben. Vergleichen Sie die beiden Texte miteinander,
und entscheiden Sie sich dafür, den positiven Text als richtungs-
leitend für Ihre Zukunft anzusehen.

9. Selbsthilfeprogramm: Die Sprache als Helfer

Sprechen und Denken wirken ineinander. Auch jene Worte, die Sie nur denken und nicht laut aussprechen, haben eine Wirkung. Angst und Hilflosigkeitsgefühle treten oft in Zusammenhang mit unangemessenen sprachlichen Formulierungen auf. Folgendes Beispiel kann Ihnen die Bedeutsamkeit von Worten vergegenwärtigen. Denken Sie an das Verkehrsschild „STOP". Es gebietet Ihrer Bewegung Einhalt. Sie sollen sich erst vergewissern, ob die Kreuzung frei ist, bevor Sie sie passieren. Vergleichbar wirken innere Worte und Sätze. Sie können verhindern, daß es zu Katastrophen kommt, und Ihnen so ein hilfreicher Wegweiser sein.

Der Prozeß der Veränderung geschieht also nicht nur durch „positiv" umgestaltetes Denken, sondern auch durch Umformulierungen Ihrer Sprache. Der Sprachschatz, den Sie verwenden, kann im schlimmsten Falle bewirken, daß Sie sich einreden, unfähig, ängstlich, hilflos und weniger wert zu sein als andere. Wählen Sie Ihre Worte mit Bedacht, denn Ihr innerer Dialog beeinflußt nicht nur Sie selbst, sondern auch andere Menschen, die Ihnen zuhören. Ihr Sprachschatz prägt Ihre Gefühle, also auch die Wahrnehmung der als bedrohlich eingeschätzten Situation. Er entscheidet ganz wesentlich darüber, was Sie wie erleben und ob Sie aus Ihrer Hilflosigkeit zu aktivem Tätigwerden finden. Jede positive Selbstaussage fördert Ihre Handlungsfähigkeit, während jede negative Aussage Ihre Angst- und Hilflosigkeitsgefühle intensiviert. Der Grund liegt ganz einfach darin, daß Sie unbewußt all die Aussagen und Bewertungen über sich selbst – negative wie positive – als gegebene Tatsachen akzeptieren.

Es gibt Formulierungen, die Sie in Ihrer Handlungsfähigkeit behindern, die bewirken, daß Sie wie gelähmt innehalten. Wenn Sie

Ihre Sprache bewußt beobachten und hinderliche, die Angst auf-
rechterhaltende Bemerkungen umgestalten, wird positive Handlungskraft freigesetzt. Es geht darum, einen anderen Sprachschatz
zu entwickeln. Das Erlernen einer neuen Sprache ist nur durch
Übung möglich. Wenn Sie nachfolgende Übungen so oft als möglich im Alltag durchführen, wird auch Ihr Handlungsvokabular
zunehmen. Der Erfolg hängt wieder einmal von Ihnen ab, davon,
wie entschlossen Sie das neue Vokabular einsetzen, so daß es im
Laufe der Zeit zur Selbstverständlichkeit werden kann. Die nachfolgenden Übungen sollen eine Veränderung Ihrer womöglich
jahrelang praktizierten Sprachgewohnheiten bewirken. Sie sollen
Ihnen helfen, Alltagssituationen positiver und angenehmer wahrzunehmen als bisher. Auch Ihre Umwelt wird bald eine Veränderung an Ihnen bemerken, und Sie werden positive Rückmeldun-
gen erhalten.

Sie lernen:

● Ihre Wortwahl bewußt zu beobachten;
● den „Hilflosigkeitssprachschatz" abzubauen und einen „Hand-
  lungssprachschatz" zu entwickeln und auszusprechen;
● positive Umformulierungen einzuüben (Affirmationen zu erstellen).

Einige der hier angegebenen Übungen sind auch als Papier-und-
Bleistift-Übungen einsetzbar.

9.1 Der Entscheidungsdialog

Lernen Sie in Begriffen des Wollens und nicht des Müssens zu
denken. Es gibt eigentlich gar kein „Muß". Sie wählen lediglich
unter einer Vielzahl möglicher Handlungen eine ganz spezifische
Reaktions- und Verhaltensform aus. Sie entscheiden sich etwa,
eine als bedrohlich erlebte Situation auszuhalten oder sie zu vermeiden. Wenn Sie beispielsweise keine öffentlichen Verkehrsmittel mehr benützen, weil Sie Angst haben, die Kontrolle über sich
zu verlieren, falls die S-Bahn in einem Tunnel steckenbleibt, so
liegt auch hier eine eigene Entscheidung zugrunde. In Ihrem bisher stark eingeengten Denken glaubten Sie stets keine andere

Wahl zu haben. In Wirklichkeit ist es jedoch ganz anders. In jedem Augenblick treffen Sie blitzschnell eine Entscheidung entweder für eine Handlungs- oder Vermeidungsform. Streichen Sie das Wort „ich muß" endgültig aus Ihrem Vokabular, und ersetzen Sie es durch „ich entscheide mich dazu" oder „ich möchte lieber". Was man tun „muß", wird als belastend empfunden und macht lange nicht so viel Spaß wie etwas, für das Sie sich entschieden haben. Eine günstige Wortwahl erweitert Ihre Sichtweise und fördert eine realistische Situationswahrnehmung. Die Umformulierung von „Müssen" und „Sich-Entscheiden" führt dazu, daß Sie sich immer seltener hilflos fühlen und eine Ich-Stärkung eintreten kann. Die Herausforderung besteht darin, sich auch sprachlich Freiheiten zu verschaffen. Wenn Sie z. B. jetzt vor einer gewissen Situation Angst haben, bedeutet dies noch lange nicht, daß Sie sich auch in einer Woche oder in einem Monat dafür entscheiden werden, in einer vergleichbaren Situation weiterhin Angst zu erleben. Möglicherweise haben sich in einem Monat Veränderungen ergeben, die eine Neuentscheidung erforderlich machen. Hier nun einige Beispiele, wie Sie Ihre persönliche Wortwahl verändern könnten!

Die linke Aufstellung kann als Beispiel gelten für einen Dialog, der die Entstehung und Aufrechterhaltung von Hilflosigkeitsgefühlen begünstigt (= negative Sprachform). Auf der gegenüberliegenden Seite finden Sie Beispiele für einen Dialog (= positive Sprachform), der zur Ausführung von Handlungen ermutigt und bewirkt, daß Sie sich zunehmend kompetenter fühlen werden.

Negative Sprachform	Positive Sprachform
Ich kann nicht	Ich möchte nicht
Ich sollte	Ich könnte
Ich muß	Ich entscheide mich für
	Ich möchte, ich würde lieber
Es ist ein Problem	Es ist eine Entscheidungssituation
Ich bin ein Versager	Ich probiere es noch einmal
Ich fühle mich immer hilflos	Ich fühle mich manchmal hilflos

Wenn ich nur X getan hätte	Das nächste Mal kann ich X tun
Ich schaffe es nicht	Ich könnte es ausprobieren oder jemanden um Hilfe bitten

Die Negativsprache (links) führt dazu, daß Sie sich als Opfer der Umstände fühlen, den Entscheidungen und Verhaltensweisen anderer hilflos ausgeliefert sind. Sie vermitteln sich selbst den Eindruck, keine Kontrolle über die jeweils schwierige Situation zu haben. Im Gegensatz zur Negativsprache besteht die Handlungssprache aus einleitenden Worten, die anzeigen, daß Sie sich für Ihre Erfahrungen (= die Summe Ihrer Erfolge und auch Mißerfolge) verantwortlich fühlen und sich offenhalten, trotz möglicher Fehlschläge, neue Erfahrungen zuzulassen und hierbei Bewältigungsfähigkeiten zu entwickeln. Überprüfen Sie Ihren Sprachschatz auf unzulässige Verallgemeinerungen. Hierunter fallen Worte wie „immer", „nie", „jeder", „keiner". Diese Wortwahl spricht dafür, daß Sie in Ihrem Denken und Sprechen nicht differenzieren und Situationen möglicherweise zu einseitig im Sinne eines Schwarzweiß-Denkens wahrnehmen. Den inneren Dialog beobachten und beherrschen lernen heißt auch, Ihren Verstand als Beobachter einzusetzen. Achten Sie darauf, welche Worte Ihnen ein Gefühl des Unwohlseins und der Hilflosigkeit vermitteln. Schreiben Sie diese Worte und inneren Sätze auf, um sie dann mit Hilfe der bereits erlernten Techniken umzugestalten. Entwickeln Sie neue positive Worte, die Sie untertags häufig wiederholen. Der bewußte Einsatz solcher positiver Wendungen erleichtert Ihnen, sich in schwierigen Situationen zurechtzufinden. Sobald Sie sich hilflos oder ängstlich fühlen, können Sie den Gebrauch positiver Worte üben und beobachten, wie womöglich allein schon durch eine andere Wortwahl die Angst leichter wird. Sie brauchen nicht einmal ganze Sätze zu bilden. Es reicht völlig, sich die angenehmen Worte immer wieder vorzusagen. Probieren Sie verschiedene Worte und Begriffe aus. Experimentieren Sie etwa mit Wörtern wie „Vertrauen", „Kraft", „Stärke", „Entspannung", und beobachten Sie, welches dieser Wörter tröstlich und beruhigend auf Sie wirkt.

NÜTZLICHE ANREGUNGEN:

- Überlegen Sie sich für jeden negativen Begriff eine positive Umformulierung. Achten Sie besonders darauf, das Wort „ich muß" immer seltener zu verwenden. Tauschen Sie es aus gegen „ich entscheide mich für" oder „ich möchte lieber".
- Beobachten Sie die Sprache von Menschen, die Sie als relativ angstfrei erleben. Achten Sie darauf, ob Sie Hilflosigkeits- oder Handlungsbegriffe entdecken.
- Schließen Sie die Augen, und stellen Sie sich eine große Tafel vor, auf der die Worte geschrieben stehen: „Ich kann". Desgleichen die Worte: „ich entscheide mich!"
- Rufen Sie eine Bekannte oder einen Bekannten an (oder treffen Sie sich mit jemandem), und achten Sie ganz bewußt auf Ihre eigene Wortwahl wie auch auf die Ihres Gegenübers. Gebrauchen Sie ganz ausdrücklich die Formulierungen „ich kann", „ich möchte", „ich entscheide mich für", und achten Sie darauf, wie sich das für Sie „anfühlt".

9.2 Die Verlangsamung des Sprechens

Unterbrechen Sie den schnellen Fluß Ihrer Gedankengänge! Deren bewußte Verlangsamung führt in Krisensituationen zu einer Beruhigung des gesamten Organismus. Wiederholen Sie bei jedem positiven Satz, den Sie denken, innerlich noch einmal langsam die letzten drei Worte. Durch diese Art der Konzentration können Sie verhindern, daß Ihre „Gedankenmaschine" in unangenehme und unangemessene Gedankengänge „davonrast". Auch in Kontakt mit anderen Menschen, in denen Sie befürchten, sich etwa aus Angst zu verhaspeln, können Sie diese Technik anwenden.

9.3 Erzählen Sie sich eine Geschichte

Diese Übung können Sie alleine zu Hause oder auch im Auto durchführen. Erzählen Sie sich selbst eine Geschichte. Erzählen Sie von angenehmen und schönen Erlebnissen, an die Sie sich erinnern, oder auch von all dem Positiven, das Sie im Leben erreicht haben und auf das Sie stolz sind. Stellen Sie sich dabei vor, daß Ihnen eine vertraute Person aufmerksam zuhört. Achten Sie darauf, daß in Ihrer Erzählung keine ängstigenden Elemente auftauchen. Wiederholen Sie beim Auftreten negativer Erinnerungen Ihre positiven Sätze mehrmals mit Nachdruck, bis Sie wieder in den positiven Erzählstil zurückfinden. Zu Beginn mag Ihnen vielleicht nur wenig einfallen. Trainieren Sie sich, und führen Sie diese Übung mehrmals durch. Steigern Sie sich von anfänglich wenigen Sätzen hin zu einer kleinen Geschichte. Sie können diese Übung auch vor dem Einschlafen durchführen, um positive Begebenheiten des Tages noch einmal zu vergegenwärtigen und damit zu bekräftigen. Werden Sie zu einem Meister in positiver Erzählkunst!

9.4 Die Spiegelübung

Nehmen Sie einen Spiegel, in dem Sie Ihr ganzes Gesicht betrachten können, zur Hand. Stellen Sie ihn vor sich auf, und sehen Sie hinein. Schauen Sie sich selbst in die Augen. Sprechen Sie sich mit Namen an, und sagen Sie zu sich selbst: „Ich, (Maria) ... entscheide mich dazu, handlungsfähig zu sein", „Ich (Name) ... entscheide mich, Gefühl (...) zuzulassen."

Finden Sie weitere Sätze dieser Art, und fügen Sie Ihre eigenen Entscheidungsgedanken ein. Beginnen Sie jeden Satz nach obigem Muster mit: „Ich, (Vorname), entscheide mich für ..." Diese Übung mag Ihnen womöglich schwierig erscheinen, vielleicht weil Sie nicht daran gewöhnt sind, sich selbst für längere Zeit in die Augen zu sehen. Bedenken Sie, daß der Spiegel stets nur den Gesichtsausdruck wiedergibt, den Sie gerade zeigen. Er ist ein unmittelbares Abbild Ihrer gegenwärtigen Wirklichkeit. Wenn Ihnen diese mißfällt, können Sie sich jederzeit dazu entscheiden, freundlicher hineinzusehen. Sie können sich sogar zulächeln, während Sie Ihre Veränderungsentscheidung aussprechen.

● Sagen Sie sich etwas Positives und Schmeichelhaftes, während Sie in den Spiegel sehen.
● Stellen Sie sich einen Wecker. Sehen Sie in den Spiegel, und fragen Sie sich mindestens 10 Minuten lang laut: „Wer bin ich?" Geben Sie sich selbst auch laut die Antwort. Schreiben Sie danach Ihre Erfahrungen in Ihr Handlungstagebuch! Achten Sie darauf, daß Ihnen überwiegend positive Bemerkungen einfallen.

9.5 Selbsthilfesätze (Affirmationen)

Die Arbeit mit Sätzen (= Affirmationstechnik) ist eine ergiebige Methode, Einstellungen und Erwartungen innerhalb kurzer Zeit zu verändern. Jahrelang eingeschliffene Denkangewohnheiten können durch diese Technik bewußt umstrukturiert werden. Affirmationen sind Aussagen positiver Art. Einige Beispiele sollen Ihnen den möglichen Inhalt von Affirmationen verdeutlichen.

● „Ich vertraue auf meine Selbstheilungskräfte."
● „Ich kann in jeder Situation handeln."
● „Ich akzeptiere all meine Gefühle."
● „Ich ruhe in mir selbst."
● „Ich nehme mich selbst an und lebe meine eigenen Lernprozesse."
● „Ich setze mich für das ein, was ich haben möchte."

Die Wirksamkeit von Affirmationen ist allerdings nur dann gewährleistet, wenn Sie richtig eingesetzt werden. Hierzu folgende Richtlinien: Affirmationen sollten

● immer in der Gegenwart formuliert und so gestaltet werden, als sei das gewünschte Ergebnis schon eingetreten (wie z.B. „ich atme ruhig und gleichmäßig");
● in kurzen und einfachen Sätzen gehalten sein;
● eine klare Aussage beinhalten;

- unbedingt positiv formuliert sein (anstatt: „Ich habe keine Angst mehr vor dem Autofahren" sagen Sie: „Ich bin beim Autofahren ruhig und sicher");
- mehrmals täglich gelesen und/oder laut ausgesprochen werden.

Selbsthilfesätze funktionieren auch in realen Angstsituationen. Setzen Sie sie immer dann ein, wenn Sie nicht wissen, wie Sie sich verhalten sollen, oder wenn Ihnen im Moment keine andere Übung einfällt. Anstatt Angstgefühle zu vermeiden, setzen Sie Alternativen ein. Angstgefühle benötigen Zeit, um wieder abflauen zu können. Ihre Affirmationen helfen Ihnen, den Angstanfall auszuhalten und das Schwinden der Angst „abzuwarten". Sie erleichtern Ihnen, in der angstbesetzten Situation auszuharren. Eine hilfreiche Affirmation ist etwa: „Angst kommt und geht vorbei." Oftmals wiederholte Anwendung Ihrer Selbsthilfesätze führt dazu, daß Sie Ihnen „in Fleisch und Blut" übergehen. Wenn Ihnen Ihre Affirmationen auch untertags immer wieder einfallen, ist dies ein gutes Zeichen. Es bedeutet, daß die gewählten Affirmationen unbewußt zu wirken beginnen. Der Übungsplatz, an dem sich die Umwandlung Ihres Denkens erprobt, ist stets der Alltag! Immer dann, wenn Sie Zeit dazu haben, sollten Sie sich ihre jeweilige Affirmation laut vor sich hinsagen. Stellen Sie sich beim Sprechen (oder Denken) vor, jedes Wort buchstäblich zu „kauen" und es sich „einzuverleiben". Es ist Ihr Schlüsselsatz, der Ihr Leben positiv verändern kann! Hier nun verschiedene kleine Übungen, die Ihnen den Umgang mit Affirmationen erleichtern können:

9.5.1 Die Tapetentechnik

Die von Ihnen erarbeiteten Selbsthilfesätze können Sie auf Karteikärtchen schreiben, die Sie dann untertags mit sich nehmen oder an einem geeigneten Platz in Ihrer Wohnung deponieren. Lesen Sie diese Sätze so häufig wie möglich durch. Hängen Sie die Ihnen wichtigsten Sätze auch an Orte, die Sie mehrmals täglich aufsuchen (z. B. über das Waschbecken, den Kühlschrank, neben den Herd oder die Kaffeemaschine oder irgendwo gut sichtbar an die

Tapete). Sie werden dann mehrmals täglich an das erinnert, was Sie lernen möchten.

9.5.2 Der heimliche Taschenberater

Sie können Ihre Kärtchen auch in Krisensituationen stets aus der Tasche ziehen und so oft durchlesen, bis Sie sich wieder beruhigt haben. Dies hat einen weiteren Vorteil: Sie lenken sich durch das Lesen vom Angstgeschehen und Ihren Katastrophengedanken ab. Der Angstkreislauf wird dadurch unterbrochen.

9.5.3 Die Kopfkissentechnik

Sie können Ihre Affirmationskärtchen auch vor dem Einschlafen unter Ihr Kopfkissen legen. Dies ist ein „symbolischer" Trick, der sich sehr heilsam auf Ihr Unterbewußtsein auswirken kann, da Sie sich auf diese Weise gerade vor dem Eintauchen in die unterbewußte Traumwelt an den für Sie bedeutsamen Satz erinnern und ihn so gewissermaßen „mit sich nehmen".

9.5.4 Die Stimmübung

Sprechen Sie Ihre Affirmationen gelegentlich laut vor sich hin, wie z. B. bei der Hausarbeit, damit Sie sich im Unterbewußtsein einprägen können. Auch ein Vor-sich-hin-Singen gewährleistet, daß sich die jeweiligen Affirmationen einprägen werden.

9.5.5 Die Affirmationsarbeit mit dem inneren Zweifler

Die Arbeit mit Affirmationen läßt bisweilen das Negative um so deutlicher zutage treten. Beschwichtigen Sie dann Ihre negativen Stimmen damit, daß Sie den unangenehmen Gedanken zulassen, sich jedoch trotzdem nicht entmutigen lassen, die vorgegebene Affirmationstechnik weiterhin einzusetzen. Probieren Sie folgendes: Schreiben Sie die Argumente Ihres „Zweiflers" auf die Rückseite Ihres mit einer positiven Affirmation versehenen Kärtchens.
   Affirmation: „Ich lerne Risiken einzugehen."

Zweifler: „Ja, vielleicht für kurze Zeit. Aber morgen? Wahrscheinlich bekommst Du dann wieder einen Deiner Panikanfälle und wirst Dir wie immer nicht zu helfen wissen."

Affirmation: „Ich lerne Risiken einzugehen."

Zweifler: „Du glaubst Dir doch selbst nicht, Du bist viel zu mutlos, um Risiken einzugehen" usw. ...

Drehen Sie Ihr Kärtchen öfters um, und wiederholen Sie immer wieder die positive Affirmation, bis Ihrem Zweifler allmählich die Argumente ausgehen. Beschäftigen Sie sich ernsthaft mit den Einwänden Ihres „Zweiflers". Finden Sie Gegenargumente! Falls die positiven Formulierungen bei Ihnen ausschließlich innere Verneinung auslösen, so arbeiten Sie zuerst die Übungen aus dem Themenbereich der Papier-und-Bleistift-Übungen durch.

9.5.6 Die Riesenbuchstabentechnik

Schreiben Sie Ihre Affirmation in riesigen Buchstaben auf ein plakat-großes Blatt Papier. Hängen Sie dieses Plakat wie eine Tafel für mehrere Tage in Ihrer Wohnung auf. Der Befürchtung, daß Gäste oder Ihr Partner diese Affirmation entdecken, können Sie entgegenwirken, indem Sie nur den ersten Buchstaben des jeweiligen Wortes auf dem Papier anmerken und sich innerlich – immer dann, wenn Ihr Blick auf das Poster fällt – die restlichen Buchstaben hinzudenken. Aus dem Bereich der Gedächtnisforschung ist bekannt, daß unfertige und unabgeschlossene Aufgaben sich viel besser einprägen als vollständig ergänzte Sätze. Diese Übung kann Ihr unangemessenes Denken durch ein äußerlich sichtbares Symbol mit Bedeutungsgehalt (Papier mit Buchstaben an der Wand) allmählich umformen. Ihre Bereitschaft, positive Annahmen in Ihren Lebensalltag zu integrieren, wird wachsen.

9.5.7 Die Abschreib-Übung

Ein geschriebener Satz beeinflußt das Denken mehr als ein nur gedachter. Mehrmaliges Abschreiben einer Affirmation ist deshalb besonders hilfreich. Schreiben Sie die Worte jedoch nicht automatisch ab, sondern denken Sie beim Schreiben auch über ihren Sinn nach. Setzen Sie auch die verschiedenen Personalpronomen ein, um den gewählten Selbsthilfesatz abzuschreiben. Setzen Sie bei dieser Übung Ihren Vornamen mit ein, und verfahren Sie nach folgendem Muster:

Ich, Hanni, entscheide mich zu handeln.

Du, Hanni, entscheidest Dich zu handeln.

Sie, Hanni, entscheidet sich zu handeln.

9.5.8 Die Vis-à-vis-Übung

Setzen Sie sich vor einen Spiegel, und sprechen Sie Ihre Affirmation laut aus. Sehen Sie sich dabei in die Augen. Wiederholen Sie Ihre Affirmation, bis Ihr Gesichtsausdruck dazu paßt: Die Affirmation „ich bin ganz in Ordnung, so wie ich bin" zum Beispiel sollte von einem freundlichen Gesicht begleitet sein.

Empfehlung:

Arbeiten Sie nicht mit zu vielen Affirmationen gleichzeitig, weil sonst ein Übersättigungs- oder Überforderungseffekt eintritt. Wechseln Sie die Sätze nur dann, wenn Sie glauben, die darin enthaltene Botschaft auch wirklich verinnerlicht zu haben. Natürlich auch dann, wenn Ihnen eine bessere, hilfreichere Formulierung einfällt.

Beispiele für Angst und Hilflosigkeit verändernde Affirmationen:

● Angst kommt und geht vorbei.

● Ich kann trotz meiner Angst handeln.

● Ich habe einen mutigen Teil in mir.

● Ich vertraue auf meine Selbstheilungskräfte.

● Ich atme ruhig und gleichmäßig.

● Störgedanken ganz gleichgültig.

● Angenehme Bilder begleiten mich durch den Tag.

● „Hier und jetzt" ist alles gut.

10. Selbsthilfeprogramm: Bejahungsstrategien

> Auch das Dunkle gehört zu meiner Ganzheit,
> und indem ich mir meines Schattens bewußt
> werde, erlange ich auch die Erinnerung wieder,
> daß ich ein Mensch bin wie alle anderen.
>
> *C. G. Jung*

10.1 Bejahung der Gefühle von Angst und Hilflosigkeit

Gefühle sind Ihre ständigen Situationsbegleiter! Sie erscheinen in allen möglichen Formen und Schattierungen. Manche Ereignisse erzeugen in Ihnen ein Gefühl der Freude, während andere Sie in den tiefsten inneren Schatten hineinführen.

Angst und Hilflosigkeit sind nur Varianten in der Vielzahl Ihrer möglichen Gefühle. In diesem Kapitel wird Ihnen gezeigt, wie Sie Angst und Hilflosigkeit bejahen und in Ihr Leben integrieren können. Die von Ihnen als „negativ" bewerteten Gefühle gehören ebenso zu Ihrem inneren Reichtum wie die positiven und freudvollen Gefühle. Es geht darum, das Negative als Teil Ihres inneren „Gefühlskreislaufes", der in ständiger Bewegung ist, anzunehmen. Ihre Gefühle sind wie ein „inneres Pendel", das je nach Situation hin- und herschwingt. Der Versuch, vor Ihren negativen Gefühlen davonzulaufen, ist genausowenig wirksam, als wenn Sie versuchten, Ihren eigenen Herzschlag abzustellen. Gefühle wechseln einander in rascher Folge ab, und aus manchem traurigen Morgen wurde noch ein recht angenehmer Tag. Sie können sich dazu entscheiden, Ihre Angst- und Hilflosigkeitsgefühle als unterstützende und hilfreiche Begleiter zu betrachten. In ängstlicher und hilfloser Stimmung strebt alles in Ihnen danach, schnellstmöglich eine brauchbare Lösung zu finden. Ähnlich wie Zahnschmerzen auf einen Zahnschaden aufmerksam machen und dies schließlich zu einem Aufsuchen des Zahnarztes führt, wollen intensive Gefühle – besonders die der Angst und Hilflosigkeit, Sie dazu bringen, sich mit Ihrer gegenwärtigen Lebenssituation auseinanderzusetzen und aktive Schritte zu ihrer Veränderung einzuleiten. Ihre Angst zeigt Ihnen, daß Sie gewisse Aspekte in Ihrem Leben noch nicht bewältigen können. Wo fehlt Ihnen die „Süße" des Lebens und Sie trauen sich nicht aufgrund negativer Vorerfahrungen neue Wege zu beschreiten? Wer hat Sie so enttäuscht? In welchen Lebensbereichen fehlt Ihnen das Vertrauen in Ihre eigene Handlungsfähigkeit?

Bisher haben Sie unangenehme Gefühle meist abzuschütteln versucht. Möglicherweise dachten Sie, eine Beschäftigung mit Ihren negativen Gefühlen könne dazu führen, von diesen überflutet und beherrscht zu werden und die Kontrolle über sich selbst zu verlieren. Das Nicht-wahrhaben-Wollen „negativer" Emotionen kann genau das Gegenteil bewirken und dazu führen, daß sie sich noch verstärken und eine übermächtige Rolle zu spielen beginnen. Sie kennen hierfür bestimmt genug Beispiele aus Ihrem eigenen Leben. So haben Sie sicher schon einmal festgestellt, daß unterdrückter Ärger innerlich weiterwirkte und Ihnen tagelang nachging. Möglicherweise haben Sie Ihre Verärgerung so gut unterdrückt, daß Sie sich selbst für einige Tage niedergeschlagen und hilflos fühlten. In der Selbstbehandlung Ihrer Angst- und Hilflosigkeitsgefühle erleben Sie eine paradoxe Situation: Gefühle, die Sie ablehnen, werden womöglich noch intensiver auftreten und sich verschlimmern. Unterdrückte Gefühle, mit denen Sie sich nicht bewußt und aktiv auseinandersetzen, führen zu Hilflosigkeit, Ohnmacht und Angst. Verneinung bewirkt, daß Sie sich als Opfer der gegebenen Situationen erleben und sich selbst beschuldigen: „Wie konnte mir das nur passieren?" – „Warum habe ich nicht achtgegeben?" usw. Solche Formulierungen sind destruktiv. Sie führen nicht zu Lösungen, sondern verstärken die Anspannung, den Druck, die Tendenz zur Flucht. Verneinung bedeutet Unzufriedenheit und Stagnation.

Befreien Sie sich aus Ihrem Gefängnis der zerstörerischen Selbstkritik. Auch Ihre „negativen" Gefühle sind Teil von Ihnen, Ihrem Selbst zugehörig. Wenn Sie auch diese Gefühle liebevoll annehmen, wird innere Ruhe entstehen können. Wandel geschieht ohne zwanghafte Willensanstrengung. Jeder Tag kann zu einem neuen Erlebnis werden!

Viele Menschen verhalten sich so, als hätten sie einen automatischen Nein-Reflex eingebaut. Lernen Sie aus den Negativbeispielen! Machen Sie es anders!

NÜTZLICHE ANREGUNGEN:

- Beobachten Sie, wie häufig Sie im Verlaufe eines Tages Ihre Gefühle verneinen.
- Überlegen Sie, welche Meinung Sie von sich haben, was Sie über Ihre Lebensumstände, Ihr Aussehen, Ihre Stärken und Schwächen, Ihre Erfolge und Mißerfolge denken. Welche Verhaltensweisen, welche Gefühle lehnen Sie an sich selbst ab? Fühlen Sie sich beispielsweise schuldig, nichtsnutzig oder unwert? Womöglich weil Sie Angst- und Hilflosigkeitsgefühle haben?
- Ertappen Sie sich bei Ihren Gefühlsverneinungen, und achten Sie genau auf Konsequenzen solcher Selbst-Ablehnung. Denken Sie daran: Sie selbst haben die Wahl! Sie können Ihre Empfindungen verneinen oder bejahen!

10.2 Der Zauberstab: Die Bejahungsstrategie

Die Bejahungsstrategie ist Ihr Zauberstab! Die grundsätzliche Bejahung sämtlicher Gefühle ist die einzige Chance, die täglichen Enttäuschungen und Frustrationen zu bewältigen. Angst- und Hilflosigkeitsgefühle sind nicht nur heute ein Teil Ihres Lebens. Sie werden es auch in Zukunft sein. Das sich drehende Rad der Gefühle kehrt immer wieder zu Ihnen zurück. Sie können unangenehmen Gefühlen nicht entrinnen. Die Bejahung bewirkt, daß aktiv neue Wege eingeleitet werden können, da für die geplanten Handlungen mehr Kraft zur Verfügung steht. Gegen den Strom zu schwimmen (Verneinung) ist stets anstrengender, als in Stromrichtung mitzufließen (Bejahung). Ja sagen soll allerdings nicht bedeuten, sich kritiklos an das Gegebene zu halten und nichts mehr verändern zu wollen. Im Gegenteil: Bejahung führt zu positivem Handeln. Je lebendiger Sie Ihr Leben gestalten, desto mehr werden Sie auch schmerzhafte Erfahrungen machen und Fehlschläge erleiden. Nehmen Sie diese als Teil eines reifen und erfüllten Lebens an. Durch den praktischen Einsatz der Bejahungsstrategie lernen Sie:

- unangebrachte Widerstände gegen sich und das äußere Geschehen aufzugeben und Gegebenheiten so anzunehmen, wie sie sind;
- Situationen, Geschehnisse und die damit verbundenen Gefühle in ihrem steten Wandel zu bejahen.

10.3 Die Umwandlung der Verneinungspersönlichkeit durch Aufbau der Bejahungspersönlichkeit

Ja-Sagen erfordert Ihre ganze Achtsamkeit! Bewußte Beobachtung wird Ihnen zeigen, wie oft Sie Ihr Fühlen und Erleben ablehnen, anstatt es als zu Ihnen gehörig anzunehmen. Die Bejahungstechnik führt dazu, Ihre Angst- und Hilflosigkeitsgefühle kontinuierlich zu verringern. Haben Sie Geduld! Es wird wohl einige Zeit dauern, bis Sie die Bejahrungsstrategie wirklich verinnerlicht haben. Sie müssen sich im Alltagsleben davon überzeugen, daß diese hilfreicher als die Verneinungsstrategie ist. Im konsequenten Einsatz von Bejahungsübungen tauchen womöglich völlig unbekannte Ängste auf. Besonders dann, wenn Sie „negative Gefühle" bislang eher weggeschoben haben. Ihre Ängste treten aus dem inneren „Schattenbereich". Gefühle, die bisher unbewußt wirksam waren, kommen nun an die Oberfläche und geben Ihnen so die Möglichkeit, sich mit ihnen auseinanderzusetzen, neue Wege auszuprobieren und die auftretende Hilflosigkeit in Handlung umzuwandeln. Führen Sie nun folgende Bejahungsübungen durch:

10.3.1 Die Nick-Übung

Nicken Sie so oft als möglich mit dem Kopf – aber bitte langsam und mit Bedacht! –, und sagen Sie zu sich selbst innerlich das Wort „Ja".

10.3.2 Die Tafelübung

Schließen Sie Ihre Augen, und stellen Sie sich das Wort Ja in leuchtenden Buchstaben auf einer Tafel geschrieben vor.

10.3.3 Die Ich-mag-mich-Übung

Sagen Sie sich die Affirmation: „Ja, ich mag mich, auch wenn ich mich ängstlich und hilflos fühle." Beobachten Sie, welche Gedanken und Reaktionen dieser Satz bei Ihnen auslöst. Fühlen, benennen und bejahen Sie das hierbei auftretende Gefühl, wobei auch mehrere sich schnell abwechselnde Gefühle auftreten können. Womöglich fällt Ihnen gerade bei diesem Affirmationssatz vieles ein, was Sie an sich selbst nicht mögen. Lernen Sie, auch die abgelehnten Teile Ihrer selbst zu akzeptieren. Schreiben Sie in Ihrem Handlungstagebuch Ihre negativen Selbstannahmen auf, und formulieren Sie diese Sätze dergestalt um, daß Sie sich sagen: „Ich mag mich, obwohl ..." Sie schaffen hiermit die innere Bereitschaft, alle Ihnen zugehörigen Persönlichkeitsanteile liebevoll anzunehmen.

10.3.4 Die Befreiungs-Übung

Wählen Sie sich Ihr Gefühl! Die einzige Freiheit, die Sie tatsächlich haben, liegt darin, sich das jeweilig vorhandene Gefühl gerade in dem Moment, in dem Sie es empfinden, zu wählen. Das Gefühl beherrscht Sie nicht, sondern Sie „haben" es und können es von daher auch verändern.

10.3.5 Die Geschwister-Übung

Halten Sie bei Situationen, in denen Sie Angst- oder Hilflosigkeitsgefühle wahrnehmen, einen Moment inne, und fragen Sie sich, wovor Sie denn eigentlich Angst haben. Was ist es ganz konkret, das Sie bräuchten, die Situation zu meistern, und das Sie nicht haben? Unterhalten Sie sich mit Ihrer Angst wie mit einer Schwester oder mit einem Bruder. Bitten Sie Ihre Angst um Mitteilung, worin oder wodurch Sie sich überfordert haben. Wenn Sie genau hinhören, werden Sie von Ihrer Angst eine Antwort erhalten.

10.3.6 Die Gefühl-wandel-dich-Übung

Erlauben Sie sich, ein ganz konkretes Gefühl, das Sie bisher als „negativ" beurteilten (z. B. Ärger über einen Kollegen, Traurigkeit über Ihre durch die Angst entstandenen Einschränkungen), jetzt wahrzunehmen. Sie werden bemerken, wie das Zulassen und Annehmen des Gefühls zu einem ganz anderen, neuen Gefühl führt. Wichtig ist, von Augenblick zu Augenblick auf das jeweils Gegenwärtige zu achten. Ihre Gefühle sind in steter Bewegung. Halten Sie diese Bewegung nicht unnötig durch Ablehnung auf, sondern geben Sie Ihrem Gefühl die Erlaubnis, so lange da zu sein, wie es vorhanden ist. Ja-Sagen hilft!

10.3.7 Die „JA"-Entscheidungsübung

Ändern Sie Ihre Formulierungen. Sagen Sie anstatt „ich habe Angst" eher „ich entscheide mich, die Angst dasein zu lassen". Diese einfache Umwandlung wird in Ihnen ein anderes Empfinden auslösen und den Bejahungsprozeß erleichtern.

10.3.8 Der Ja-Tanz

Bewegen Sie sich zum Rhythmus eines schönen Musikstückes, und stellen Sie sich vor, das Wort „Ja" innerlich wie eine leise Melodie zu hören, während Sie sich gleichzeitig tanzend zu der Musik bewegen. Erlauben Sie Ihrem Körper, voller Bewegung zu sein! Durch das Tanzen gewöhnen Sie sich an rhythmische Abläufe! Ihr Unterbewußtsein lernt dabei, das „Auf und Ab" des Alltags besser anzunehmen. Notieren Sie Ihre Erfahrungen in Ihrem Handlungstagebuch.

10.4 Verzeihen Sie sich Ihre Vergangenheit

Könnten Sie sich vorstellen, einen relativ harmlosen Beinbruch zu haben und vom Hausarzt lebenslanges Gehen auf Krücken verordnet zu bekommen? Gewiß nicht! Auf psychologischer Ebene behandeln Sie sich selbst jedoch in vergleichbarer Weise: Aufgrund des ein oder anderen Fehlschlages in der Vergangenheit gehen Sie ganz selbstverständlich davon aus, auch zukünftig zu scheitern. Ein mißlungener Versuch, der in der Vergangenheit (gestern und noch weiter zurück) stattfand, sollte nicht dazu führen, sich heute eine ungute Zukunft zu prophezeien. Selbstanklagen und Schuldgefühle bewirken nicht das, was Sie herbeiführen möchten, wie z. B. ein ausgeglichenes und harmonisches Lebensgefühl. Auch führen diese Gefühle sicherlich nicht dazu, das nächste Mal in einer vergleichbaren Situation anders zu handeln. Eine Loslösung von der Vergangenheit geschieht nur, wenn Sie bereit sind, sich für Mißlungenes zu verzeihen. Sie haben seinerzeit bestimmt das Ihnen Bestmögliche getan. Rückblickend ist man immer schlauer!

- Nehmen Sie sich nun eine Minute Zeit, über diesen Abschnitt nachzudenken.
- Schreiben Sie nachfolgenden Satz in großer Schrift auf die rechte Seite Ihres Handlungstagebuchs: „Ich bejahe mich mit all meinen Fehlern und Unzulänglichkeiten."

10.5 Die Symptom-Übertreibungs-Übung

Eine gute Möglichkeit, Angst und Hilflosigkeit bejahen zu lernen, stellt bei manchen Angstinhalten deren bewußte Übertreibung und die Beobachtung der damit verbundenen Reaktionen dar. Die willentliche Herbeiführung und Übertreibung unangenehmer Zustände führt zur Erfahrung, daß diese bei weitem nicht so dramatisch verlaufen müssen, wie Sie üblicherweise befürchten. Im Gegenteil wird von Klienten häufig berichtet, daß sie gerade die bewußte Übertreibung von auf die Zukunft gerichteten Angstgedanken als sehr befreiend erlebt haben. Beispiele:

● Angst vor dem Händezittern:
Kommando: Die Hände sollen jetzt noch mehr zittern.
Mögliche Handlung: Absichtliches Übertreiben und Verstärken des Zitterns.

● Angst vor Erröten:
Kommando: Laufe so schnell wie möglich „knallrot" an.
Mögliche Handlung: Überprüfen der Gesichtsfarbe vor einem Spiegel.

● Angst vor dem Hinfallen:
Kommando: „Laß dich fallen."
Mögliche Handlung: Sich absichtlich auf weiche Kissen fallen lassen.

In diesem Zusammenhang weitere Übungen:

10.5.1 Die Jammer-Übung

Schalten Sie Ihren Kassettenrecorder ein. Sie dürfen diesem nun zehn Minuten lang etwas vorjammern. Sie werden erstaunt sein, wie wenig Ihnen vermutlich einfällt, wenn Sie absichtlich über Ihre Ängste und Unzufriedenheiten lamentieren wollen.

10.6 Die Setz-die-Angst-auf-ein-Kissen-Übung

Legen Sie bei dieser Übung zwei Kissen auf den Fußboden. Setzen Sie sich auf das eine Kissen, und laden Sie Ihr Gefühl von Angst oder Hilflosigkeit ein, auf dem anderen Platz zu nehmen. Sagen Sie Ihrem Gefühl nun laut, was Sie ihm gegenüber empfinden. Es ist wichtig, daß Sie diese Übung ernst nehmen, denn Sie kann tatsächlich zu einer Klärung und zu neuen Impulsen führen. Hören Sie sich selbst zu! Das laute Sprechen wirkt beruhigend. Sie beweisen sich damit auch, daß Sie sich ernst nehmen und Ihren Gefühlen die notwendige Beachtung schenken. Sie können den Platz wechseln und Ihrer Angst eine Stimme, die laut Antwort gibt, verleihen. Schreiben Sie nach Beendigung der Übung Ihre Erfahrungen in Ihr Handlungstagebuch.

10.7 Der Angststuhl

Diese Übung soll Ihren Angstgedanken einen besonderen Platz einräumen. Suchen Sie sich in Ihrer Wohnung irgendeine Stelle. Diese Ecke wird fortan Ihre „Angstecke" sein. Stellen Sie einen Stuhl auf, oder legen Sie ein Kissen dorthin. Wann immer Sie sich auf den „Angststuhl" bzw. den „Angstplatz" setzen, sollen Sie – auch wenn sich körperliche Symptome einstellen – all jene Angst- und Hilflosigkeitsgedanken denken, fühlen und wahrnehmen, die für Sie im allgemeinen belastend sind. Stellen Sie sich bitte einen Wecker, und begrenzen Sie die Übung auf etwa fünf Minuten. Wenn der Wecker läutet, sollten Sie sofort aufstehen und sich mit etwas anderem beschäftigen. Wenn es Ihnen nach dem Läuten des Weckers nicht gelingt, die aufsteigenden Angstgedanken auf dem Stuhl zurückzulassen, so sagen Sie sich ein lautes „Stopp" und wenden sich dann anderen Dingen zu. Die „Angststuhlübung" soll Sie dazu anleiten, sich mit Ihrer Angst in einem von Ihnen definierten Umfeld zu konfrontieren und nach Ablauf der vorgegebenen Zeit wieder handlungsfähig zu sein. Das starre und unangenehme Verharren in Angst- und Hilflosigkeitsgefühlen wird hiermit aufgelöst.

EINSICHT: Bejahung bedeutet, das Hier und Jetzt zu akzeptieren: Sie fühlen, was *Sie* fühlen!
● Das Zulassen von Angst- und Hilflosigkeitsgefühlen bewirkt Veränderung: Sie nehmen Ihre Angst an, dadurch wandelt sie sich!
● Vertrauen entsteht durch die Auseinandersetzung mit unangenehmen Gefühlen und die Erkenntnis, daß diese zu bewältigen sind: Sie stellen sich Ihrer Angst. Sie wissen, daß Sie die Kraft dazu haben!

11. Selbsthilfeprogramm: Das innere Kind als Helfer

In einer Krisensituation reagiert meist Ihr „inneres Kind". Sie verhalten sich irrational, und mit Ihrem Verstand können Sie das Auftreten „unangemessener" Verhaltensweisen und die häufig damit verbundene gefühlsmäßige Verwirrung nicht einordnen. Lernen Sie, dem ängstlich und hilflos reagierenden „kindlichen Teil" in Ihnen Sicherheit zu geben. Mit folgenden Übungen können Sie sich von unverarbeiteten Kindheitserlebnissen, die sich bis heute noch traumatisch auswirken, heilen. Die Kontaktaufnahme mit Ihrem „inneren Kind" bedeutet, dessen Gefühle nicht mehr wegzudrängen oder zu übergehen. Sie werden überrascht sein, wie gefühlsintensiv einige dieser Übungen sein können.

11.1 Innere-Kind-Übungen zum Trost und zur Beruhigung

11.1.1 Die Photo-Übung

Legen Sie ein Kindheitsphoto, auf dem Sie nicht so fröhlich, sondern eher ängstlich oder hilflos aussehen, vor sich hin. Beginnen Sie nun laut auf eine tröstende Art und Weise mit Ihrem „inneren Kind" zu sprechen. Erzählen Sie ihm, daß Sie ihm beistehen und in allen Situationen und Lebenslagen Hilfe gewähren werden, damit es seine Ängste überwinden kann. Nehmen Sie die Rolle eines liebevollen und verständnisvollen Elternteils an, der sich für das Kind verantwortlich erklärt und ihm geben kann, was es am nötigsten braucht, nämlich Akzeptanz, Trost und Beistand. Diese Übung sollten Sie, unmittelbar nachdem Angst- und Hilflosigkeitsgefühle in einer spezifischen Situation aufgetreten sind, durchführen. Probieren Sie es einfach einmal aus. Sprechen Sie mit Ihrem Photo, und Sie werden überrascht sein, wie schnell Sie beruhigt sein werden.

11.1.2 *Die Heil-die-Kindheit-Übung*

Schließen Sie die Augen, und entwickeln Sie eine bildhafte Vorstellung von sich selbst, wie Sie damals als Kind waren. Bringen Sie die Szene der Vergangenheit in die Gegenwart, so als würde Ihnen Ihr „inneres Kind" jetzt gegenüberstehen. Welche Kleidung trägt Ihr „inneres Kind", wo befindet es sich, wie ist sein Gesichtsausdruck, was tut oder spielt es? Lassen Sie die Vorstellung Ihres „inneren Kindes" immer deutlicher werden, und vertiefen Sie sich mit geschlossenen Augen in die auftretenden Bilder. Öffnen Sie dann wieder die Augen, und schreiben Sie die auftauchenden Eindrücke in Ihr Handlungstagebuch. Nehmen Sie nun ein Kindheitsphoto, das Ihnen nicht so gut gefällt, und schauen Sie Ihrem „inneren Kind" in die Augen. Versuchen Sie sich vorzustellen, welche Gefühle Ihr „inneres Kind" in diesem Moment wohl gehabt haben mag. „Beseelen" Sie das Photo, lassen Sie Ihr „inneres Kind" lebendig werden! Fragen Sie es, was für ein Geschenk es von Ihnen haben möchte. Nehmen Sie den ersten Einfall, der auftaucht, an. Versprechen Sie Ihrem Kind, es fortan zu begleiten und darauf zu achten, daß gut für Ihr „inneres Kind" gesorgt ist. Probieren Sie folgendes aus:

a) Bieten Sie Ihrem „inneren Kind" an, daß es in Ihrem Herzen Platz nehmen und sich dort ausruhen darf.

b) Streicheln Sie Ihr „inneres Kind" in Gedanken.

c) Erinnern Sie sich an Ihr Lieblingskinderspiel, und entdecken Sie hierbei, daß das „innere Kind" auch neugierig, fröhlich, spontan und kreativ sein kann.

d) Stellen Sie sich vor, daß Ihr „inneres Kind" nun mit jedem Tag fröhlicher und lebendiger werden kann.

126

11.1.3 Die Liebevoller-Elternteil-Technik

Stellen Sie sich nun vor, daß Sie zur liebevollen, gütigen, verständnisvollen, gewährenden und toleranten Mutter (zum Vater) Ihres „inneren Kindes" werden. Verwöhnen Sie Ihr „inneres Kind" mit Sätzen. Zum Beispiel:

● „Du bist ganz in Ordnung, so wie du bist."
● „Ich kann dich liebhaben."
● „Du kannst auch Fehler machen."
● „Wenn du etwas nicht kannst, so werde ich dir helfen, es zu lernen."
● „Ich höre dir immer ganz genau zu, gehe auf dich ein und beachte deine Gefühle."

Holen Sie sich in Gedanken Ihr „inneres Kind". Wie alt ist es? In welcher Umgebung und in welcher Situation erscheint es in Ihrer inneren Vorstellung? Setzen Sie sich zu ihrem Kind, und sagen Sie ihm nette Worte. Dadurch kann Ihr „inneres Kind" erkennen, daß es einzigartig und liebeswert ist und – ganz egal, wie Ihre Eltern Sie als Kind behandelt haben – die Vergangenheit jetzt vorbei ist und die Schmerzen, die es früher erlebt hat, endlich heilen können. Beachten Sie, daß bei der Wiederholung dieser Übung Ihr „inneres Kind" sich verändern kann. Es kann in der Phantasie in verschieden gestalteten Situationen, die Sie entweder real erlebt haben oder die sich vor Ihrem inneren Auge erst entwickeln werden, auftauchen. Auch das Alter des „inneren Kindes" kann sich verändern.

11.1.4 Der Dialog mit dem inneren Kind

Welchen Kosenamen hatten Sie als Kind? Mochten Sie ihn? Falls ja, verwenden Sie ihn bitte für die nachfolgende Übung. Sollte Ihnen der Kosename, mit dem Sie früher gerufen wurden, in unliebsamer Erinnerung sein, suchen Sie sich selbst einen neuen Namen aus, mit dem Sie Ihr „inneres Kind" rufen möchten. Stellen Sie Ihrem „inneren Kind" eine Frage, und lassen Sie es spontan antworten.

Beispiel:

Sie: Wie geht es dir heute, Sabinchen?

S.: Ich habe Angst.

Sie: Kann ich dir helfen?

S.: Ich weiß nicht.

Sie: Ich nehme dich jetzt an der Hand, und dann kannst du mir alles erzählen, was dich bedrückt.

S.: Ich habe Angst, andere könnten schlecht über mich denken.

Sie: Ich helfe dir, ich bin bei dir und beschütze dich, wenn andere dir etwas antun. Außerdem mag ich dich so, wie du bist.

S.: Darf ich mich verstecken, wenn ich Angst habe?

Sie: Ich nehme dich auf den Arm, und wir probieren es einmal.

S.: Ja.

Sie beruhigen durch diese Vorgehensweise jenen Teil in Ihnen, der Angst hat, und sprechen sich Mut zu. So wird es viel leichter, in schwierige Situationen hineinzugehen und sich nicht so verloren und einsam wie bisher zu fühlen, weil Sie vorher Ihr „inneres Kind" beschwichtigt haben.

11.1.5 Die Verjüngungs-Übung

Stellen Sie einen Spiegel vor sich auf, in dem Sie Ihr Gesicht gut sehen können. Schauen Sie sich in die Augen, und stellen Sie sich dabei vor, immer jünger und jünger zu werden. Schließlich sehen Sie Ihrem „inneren Kind" in die Augen. Sprechen Sie mit ihm. Erzählen Sie ihm, daß es vertrauen darf, sich rundum sicher fühlen kann. Machen Sie diese Übung besonders dann, wenn Sie sich schlecht fühlen, wenn Sie glauben versagt zu haben und sich mit irgendwelchen Selbstvorwürfen quälen. Entschärfen Sie Ihre Selbstbeschuldigungen durch die Spiegelübung! Reden Sie liebevoll mit Ihrem „inneren Kind". Das ist viel heilsamer, als wenn Ihr strenger innerer Richter Urteil um Urteil fällt, und Sie noch mehr an Zuversicht und Selbstvertrauen verlieren.

11.1.6 Die tröstende Helferstimme

Eltern, die Ihre Kinder, die in einem dunklen Zimmer Angst verspüren, ausschimpfen, tragen sicherlich nicht sehr zu deren Beruhigung bei. Selbst bei Erwachsenen tritt noch häufig Angst vor
Dunkelheit auf, die aus nichtbewältigter Angst als Kind herrührt.
Versuchen Sie, mit einfachen, beruhigenden Worten Ihrem ängst-
lichen und verstörten „inneren Kind" zuzureden. Finden Sie heraus, was alles getan werden kann, damit es sich beruhigt.
Erschaffen Sie gedanklich eine tröstende „Helferperson". Lassen
Sie den reifen, erwachsenen Teil in Ihnen zu einer tröstenden Be-
zugsperson werden, die sich liebevoll um Ihr „inneres Kind" küm-
mert. Sprechen Sie so mit sich, als ob Sie einem sich fürchtenden
Kind mit beruhigenden Worten erklären wollten, daß die gegebene Situation nicht so schlimm sei und die Angst vorübergehen
werde. Wichtig ist, einen sanften und beschützenden Umgangs-
ton zu wählen und auf keinen Fall zu schimpfen oder Druck aus-
zuüben. Sprechen Sie Ihrem „inneren Kind" in Krisensituationen
gut zu, und lernen Sie so, sich selbst zu beruhigen.

11.1.7 Die Namen-Sing-Übung

Wählen Sie sich einen ruhigen Platz, an dem Sie eine Zeitlang
(mindestens zehn Minuten) ungestört sein können. Setzen Sie
sich bequem auf den Boden. Kreuzen Sie die Beine, und achten Sie
darauf, in aufrechter Haltung zu sitzen und die Hände ruhig auf
dem Schoß aufliegen zu lassen. Schließen Sie die Augen, und singen Sie mehrmals Ihren eigenen Vornamen. Probieren Sie verschiedene Rhythmen und Tonlagen aus. Gestalten Sie Ihr eigenes
Namenslied. Diese Übung bewirkt, ein Gefühl für den eigenen inneren Wert zu entwickeln.

11.1.8 Das Selbstverwöhnungsbad

Schenken Sie Ihrem „inneren Kind" ein Selbstverwöhnungsbad. Lassen Sie ein mit Essenzen angereichertes, gut duftendes Badwasser ein. Nehmen Sie sich ein Wasserspielzeug, etwa einen kleinen Ball oder eine Gummiente, mit in die Wanne. Spielen und „handeln" Sie mit diesem Gegenstand, und träumen Sie einfach vor sich hin! Das Selbstverwöhnungsbad hilft besonders dann, wenn Sie nach einer überfordernden und anstrengenden Situation zu sich finden wollen.

11.2 Schriftliche „innere Kind"-Übungen

11.2.1 Brief an das „innere Kind"

Schreiben Sie einen Brief an Ihr „inneres Kind". Sprechen Sie es mit seinem Kosenamen an. Stellen Sie ihm so viele Fragen, wie Sie gerne möchten: Beispielsweise: „Wovor fürchtest Du Dich?", „Hast Du etwas Schreckliches erlebt?", „In welchen Situationen wirst Du hilflos und klein?", „Wie könnte ich Dir helfen?" Nehmen Sie nun den Stift in die andere Hand, mit der Sie normalerweise nicht schreiben, und lassen Sie Ihr inneres Kind schriftlich antworten. Es soll Sie mit Ihrem Vornamen ansprechen. Ihr „inneres Kind" kann nun in der sicherlich unbeholfeneren und einfacheren Schrift der ungewohnten Hand Ihre Fragen beantworten. Es kann Ihnen auch erzählen, wie es ihm jetzt im Moment geht. Sie werden überrascht sein, wie die Antworten Ihres „inneren Kindes" ausfallen. Das Schreiben mit der „linken" Hand führt zu ganz ungewohnten Gefühlen und Einfällen.

11.2.2 Die Brief-ans-Christkind-Technik

Stellen Sie sich nun vor, daß Ihr „inneres Kind" einen Wunschbrief an das Christkind schreibt. Erwähnen Sie in diesem Brief spezifische Handlungen und Verhaltensweisen, die Sie von jetzt an in verschiedenen Situationen üben möchten. Schreiben Sie den Brief so konkret und detailliert wie möglich.

Beispiel:

Liebes Christkind, ich wünsche mir:

- bei dem Kollegen X selbstsicherer zu sein,
- an der Kasse eines Supermarktes ruhig und gelassen bleiben zu können.
- Mein Gedanke, daß ich ein Versager sei, soll sich umwandeln, damit ich mir etwas Positives zutrauen kann.

Stecken Sie den Brief dann in einen Umschlag, und versehen Sie ihn mit Datum. Bewahren Sie den Brief auf. Öffnen Sie ihn erst ein Jahr später. Sie werden sicherlich überrascht sein, wieviel von dem niedergeschriebenen Inhalt tatsächlich eingetroffen ist. Dieser Brief ist eine von Ihnen verfaßte Absichtserklärung, die in Ihrem Unterbewußtsein weiterwirkt.

11.2.3 Erfinden Sie eine Bewältigungsgeschichte

Denken Sie doch einmal daran, wie gerne Kinder Märchen hören. Märchen haben für Kinder neben anderem auch eine tröstende Funktion, da sie sich mit dem Märchenhelden identifizieren und hierdurch Angstinhalte entkräftigt werden können. Bei einem Märchen, das Sie sich selbst erzählen, beruhigt sich auch Ihr „inneres Kind", das Ihnen mehr oder weniger bewußt zuhört. Zwingen Sie sich jedoch nicht dazu, irgendeine Geschichte zu erfinden. Sie sollte ganz spontan sein, was leichter gelingt, wenn Sie sie nicht logisch aufzubauen und zu steuern versuchen. Sollte sich Ihr Verstand zu oft einmischen, so stellen Sie sich bitte vor, diesen während des Schreibens Ihrer Geschichte an der Garderobe abzulegen, um dem spontanen Fluß Ihrer Eingebungen ganz ungehindert folgen zu können. Experimentieren Sie! Lassen Sie Ihre Hand „wie von selbst" etwas aufschreiben. Die spontan erfundene Geschichte vermag Ihre Ängste ein Stück weit zu lösen. Sie hat allemal heilenden Charakter. Beschließen Sie Ihre Geschichte mit einem „Happy-End-Satz".

Beispiel einer Klientin:

„Es war einmal eine kleine Tochter, die schon als Kind große Angst vor der Dunkelheit hatte. Mit den Jahren wußte sie zwar, daß es keine Wölfe und Hexen gibt, die sich unter dem Bett verstecken können, doch war die Dunkelheit für sie immer irgendwie unheimlich. Sie ließ nachts das Licht brennen, bis sie sich eines Tages dazu entschloß, etwas Neues auszuprobieren. Sie wollte – wie die meisten anderen Leute auch – ganz normal und ohne Licht einschlafen können. Sie las viele Bücher über Angst, und eines Tages hatte sie den richtigen Einfall. Sie stellte sich vor dem Einschlafen schöne Bilder und Landschaften vor. Mit Hilfe des autogenen Trainings lernte sie, ruhig und gleichmäßig zu atmen. Sie hatte das Gefühl, daß ihre Angst von Tag zu Tag weniger wurde. Die ‚märchenhafte Wandlung‘ machte sie fröhlich, und sie beschloß, auch andere Dinge, mit denen sie nicht zurechtkam, ‚anzupacken‘."

11.3 Bewegungsübungen für das „innere Kind"

11.3.1 Massage des „inneren Kindes"

Streicheln und massieren Sie Ihren Bauch. Verwenden Sie dazu ein wohlriechendes Haut- oder Massageöl. Sie verwöhnen damit sich selbst ebenso wie Ihr „inneres Kind". Stellen Sie sich bei dieser Übung auch vor, Ihr „inneres Kind" säße in Ihrem Bauchraum und genieße jede Ihrer Bewegungen und Berührungen, weil es sich dadurch ganz geborgen und wohl wie ein noch ungeborenes Baby im Mutterleib fühlen kann. Es braucht nichts zu tun, außer einfach abzuwarten, bis die Zeit reif ist, geboren zu werden.

11.3.2 Die Schaukel-Übung

Haben Sie schon einmal beobachtet, wie Mütter ihre Babies hin- und herwiegen? Schreiende Babies können durch eine leichte Schaukelbewegung zur Ruhe gebracht werden. Stellen Sie sich Ihr „inneres Kind" jetzt als Baby vor. Wiegen Sie es in Gedanken auf den Armen sanft hin und her. Legen Sie sich mit dem Rücken auf eine warme Decke oder auf einen Teppich. Winkeln Sie Ihre Beine an und umfassen diese mit beiden Armen. Schaukeln Sie sich selbst sanft hin und her. Erzählen Sie Ihrem „inneren Kind" dabei eine Geschichte. Ermutigen Sie es! Sagen Sie ihm auch, daß Sie sich fortan für die Bedürfnisse Ihres „inneren Kindes" Zeit nehmen und diese zukünftig respektieren und beachten werden. Laut ausgesprochene Worte machen die Übung für Sie lebendiger und somit gefühlsintensiver. Probieren Sie es aus!

11.3.3 Die Ballübung

Besorgen Sie sich einen Ball, wie ihn Kinder zum Spielen haben. Spielen Sie nun mit sich selbst Ball: Sie werfen den Ball an die Wand, lassen ihn auf den Boden aufprallen und fangen ihn dann wieder auf. Das Ganze sollte mit folgenden Worten verbunden sein:

1. Der Ball trifft auf die Wand: begleitendes Wort „*Angst*"
2. Der Ball prallt auf den Boden: begleitendes Wort „*weg*"
3. Der Ball wird aufgefangen: begleitendes Wort „*und*"

Diese Übung fördert Ihre Konzentrationsfähigkeit. Die Worte wirken autosuggestiv. Gerade durch die Umsetzung in Bewegung prägt sich die Formel „*Angst – weg*" besonders gut in Ihrem Unterbewußtsein ein.

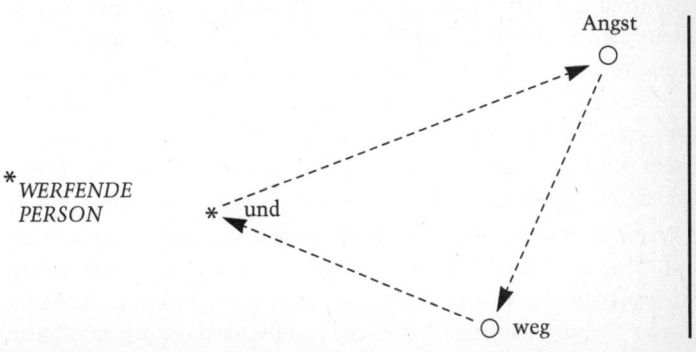

11.4 Selbsthilfeprogramm: Rituale als Helfer.
Die Bedeutung von Ritualen für das „innere Kind"

In Guatemala haben viele Menschen die sogenannten „Problem-püppchen", die in einer kleinen Schachtel verwahrt werden. Im Problemfalle entnimmt man ein Püppchen und teilt diesem seine Schwierigkeiten mit. Vor dem Einschlafen wird es dann unter das Kopfkissen gelegt, in der festen Überzeugung, das Problem werde sich während des Schlafes „von selbst" lösen. Nächsten Morgen wacht man optimistisch und gut gelaunt auf. Das Ritual bewirkt – wenn nicht die Lösung – so doch eine Erleichterung. Über derlei Rituale schmunzelt unser erwachsener Verstand recht gerne und tut sie ab als Aberglauben. Das Unterbewußtsein hat allerdings ganz andere Gesetze als der logisch-analytische Verstand. Das „innere Kind", das sich vor vielen Situationen fürchtet, läßt sich durch Rituale leichter beruhigen als durch vernünftiges Denken.

11.4.1 Der Gegenstand der Kraft

Suchen Sie sich einen Gegenstand, der Ihnen Kraft verleihen könnte. Auch wenn Sie nicht an die Kraft von Talismanen glauben, können Gegenstände doch große Wirkung ausüben. Sie selbst erwählen diesen Gegenstand und erklären ihn zu Ihrem eigenen ganz persönlichen Kraftobjekt, damit er Sie unbewußt oder bewußt an Ihre handelnden Persönlichkeitsanteile erinnern kann. Es sollte sich auf jeden Fall um einen kleineren Gegenstand handeln, den Sie leicht in der Hand halten können. Bereiten Sie sich nun auf Ihr Ritual vor. Nehmen Sie Ihr Kraftobjekt in die Hand, und sprechen Sie das Wort „Handlungskraft" mehrmals wie einen „Zauberspruch" aus. Sie verknüpfen so Ihren Gegenstand mit dem Wunsch, handlungsfähig, stark und mutig zu sein. Tragen Sie den Gegenstand einige Tage mit sich herum. Die unbewußt ge-schaffene Verbindung zwischen Gegenstand und stärkendem Wort kann bewirken, daß Sie Krisensituationen ganz anders handhaben als bisher: Berühren Sie einfach Ihren Gegenstand, wenn Sie die damit verbundene Eigenschaft benötigen (Stärke,

Mut, Kraft, spezielle Fähigkeiten). Sie können sich auch einen ganz persönlichen „Zauber- oder Heilspruch" ausdenken und diesen bei der Berührung Ihres Kraftobjektes einsetzen.

Beispiel:
Lieber Stein,
du bist mein Heilungs- und Kraftstein!
Schütze und stärke mich!

11.4.2 Die Sternenhimmel-Übung

Angst ist immer eine Folge mangelnden Vertrauens. Die Entwicklung von Vertrauen in die eigenen Fähigkeiten ist ein Prozeß, den Sie zwar bewußt einleiten können, jedoch muß auch Ihr Unterbewußtsein davon überzeugt werden, daß eine positive Zukunft eintreten kann. Hierzu können Visualisierungstechniken sehr hilfreich sein. Schließen Sie die Augen. Zählen Sie langsam und im Rhythmus Ihres Atems von 10 abwärts bis 1. Denken Sie bei jedem Atemzug das Wort „tiefer". Sie versetzen sich so in einen leichten Trancezustand. Stellen Sie sich nun einen Turm vor, den Sie besteigen wollen. Oben angelangt, sehen Sie sich auf der Aussichtsplattform um. Allmählich wird es Nacht, und die Sterne werden sichtbar. Denken Sie nun an eine Situation, die Sie erfolgreich bewältigen wollen. Formulieren Sie einen Wunsch. Stellen Sie sich vor, diesen Wunsch – ähnlich wie einen Zettel an eine Pinnwand – an einen der Sterne zu heften. Dieser Stern, der Ihren Wunsch trägt, erscheint nun viel heller und größer als die anderen Sterne. Zeigen Sie ihn Ihrem „inneren Kind" mit den Worten: „Vertraue! Es wird alles gut werden." Zählen Sie dann von 1 aufsteigend wieder langsam bis 10, und beenden Sie diese Übung. Immer dann, wenn Sie das Vertrauen in Ihre eigene Handlungsfähigkeit verlieren, sollten Sie den Ort Ihres inneren Aussichtsturmes wieder einmal aufsuchen und mit Ihren Wünschen in die geheimnisvolle Sternenwelt eindringen.

11.4.3 Die Sonnenstrahl-Übung

Bei diesem Ritual ist es erforderlich, die Angstgedanken aufzuschreiben: Nehmen Sie für jeden Gedanken ein eigenes Zettel-
chen. Legen Sie die auf Ihren Zetteln notierten Gedanken dann in
eine kleine Schachtel. Stellen Sie diese auf das Fensterbrett, so daß
Sie von der Sonne bestrahlt werden kann. Stellen Sie sich nun vor,
daß die Sonne als leben- und lichtspendender Kraftquell auch die
negativen Botschaften und Befürchtungen in der Schachtel „heilend" umwandelt. Nehmen Sie nach einiger Zeit – vielleicht am
Abend nach Sonnenuntergang – Ihre Zettel aus der Schachtel heraus, und schreiben Sie auf die jeweilige Rückseite all Ihre Einfälle,
die einen hilfreicheren Umgang mit Ihren Angst- und Hilflosigkeitsgefühlen bewirken könnten. Schließen Sie dabei hin und
wieder die Augen, und stellen Sie sich die goldene warme Abend-
sonne vor.

11.4.4 Die Kerzenübung

Begeben Sie sich an einen ruhigen ungestörten Ort. Zünden Sie
eine Kerze an, und lassen Sie vor Ihrem inneren Auge ein Bild entstehen, wie Sie sich selbst gerne hätten. Malen Sie sich ganz konkret aus, wie Sie etwa wieder S-Bahn fahren oder vor anderen
Menschen sprechen können. Stellen Sie sich die Situation so lebendig vor als irgend möglich, während Sie unverwandt in die
brennende Kerze blicken. Entspannen Sie sich.

Erst wenn Sie sich innerlich ganz ruhig fühlen, sollten Sie diese
Übung beenden. Löschen Sie dann die Kerze aus. Wiederholen Sie
diese Übung öfter einmal. Ganz gewiß wird sich etwas verändert
haben, noch bevor die Kerze abgebrannt ist. Ihre inneren Bilder
werden womöglich des öfteren wechseln, alte Bilder werden verschwinden und neue auftauchen. Beim Entwerfen Ihres Bildes
können Sie auch Photos oder jedweden anderen Gegenstand, der
sich als hilfreich erweist, benützen.

11.4.5 Die Wohnungsveränderungs-Übung

Was tun Sie, wenn Ihnen Ihre Wohnung nicht mehr gefällt? Vermutlich gestalten Sie sie – soweit es in Ihren Möglichkeiten liegt – um, indem Sie etwa ein Möbelstück verrücken oder sich etwas Neues hinzukaufen. Ebenso verhält es sich im psychischen Bereich. Selbsthilfe ist nicht nur ein innerer Prozeß, sondern wird auch von äußeren Hilfestellungen begleitet. Äußeres kann durchaus bewirken, daß Sie sich auch innerlich gestärkt und guter Dinge fühlen. Ein schöner Abendspaziergang führt gewiß zu angenehmeren „Gute-Nacht-Gefühlen", als wenn Sie sich vor dem Einschlafen einen Horrorfilm ansehen. Gehen Sie noch einmal zur Einrichtung Ihrer Wohnung zurück! Entspricht sie Ihren Vorstellungen? Könnten Sie etwas verbessern? Womöglich ein schönes Bild oder ein neues Poster aufhängen? Wenn immer Ihr Blick darauf fällt, können Sie sich sagen: „Ich erfreue mich an schönen Dingen" oder „Ich kann mich freuen". Lassen Sie es also nicht beim Ansehen alleine, sondern denken Sie immer gleich auch an Ihren Veränderungssatz.

11.4.6 Das Angst-Monopoly-Spiel

Holen Sie sich alte Illustrierte hervor, und suchen Sie nach Abbildungen von Menschen, die besonders handlungsfähig wirken. Ein gutes Beispiel hierfür sind Abbildungen und Darstellungen von Politikern, die diese Fähigkeit in hohem Maße besitzen. Suchen Sie sich auch furchtsame und hilflos wirkende Gesichter heraus. Sie erkennen Angst und Hilflosigkeit etwa an weit geöffneten Augen, vorgezogenen Schultern, einem gekrümmten Rücken oder einer gebückten Körperhaltung. Schneiden Sie die Bilder heraus. Legen Sie eine richtige Sammlung an. Sehen Sie sich die Bilder beider Kategorien eine Weile an. Vergleichen Sie! Überlegen Sie nun anhand der „negativ" wirkenden Bilder:

1. welche äußerlichen Veränderungen an den abgebildeten Menschen vorgenommen werden könnten,

2. welche Ideen und Gedanken diesen Menschen fehlen, um sich besser zurechtfinden zu können.

Notieren Sie hilfreiche Gedankengänge. Werden Sie zum unterstützenden und beratenden Therapeuten, der jetzt die Aufgabe übernimmt, die betreffende Person auf dem Bild zu beraten. Diese Übung wird auch Ihrem „inneren Kind" Spaß bereiten. Sie können den Bildern Namen geben wie etwa „der Verzweifelte", „der Hilflose", „der Experimentierfreudige", „der Lebensbewältigungstyp", „der Manager", „der Bejahungstyp", „der ewige Nein-Sager" usw. Sie können diese Übung zu einem richtigen Spiel erweitern!

a) Erstellen Sie einen Stapel mit Kärtchen, auf denen Sie schwierige Lebenssituationen skizzieren wie etwa

● Jemand kränkt Sie absichtlich.

● Jemand wirft Ihnen Versagen vor, obwohl Sie sich bemüht haben.

● Andere bemerken, daß Sie etwas falsch gemacht haben.

● Ihre Freunde unterhalten sich in Ihrem Beisein über Ihnen unbekannte Themen.

● Sie arbeiten sehr eifrig an einer Aufgabe, und schließlich stellt sich heraus, daß alles „umsonst" war.

● Sie werden im Lokal vom Kellner übersehen.

Beschreiben Sie nun Situationen, die als Angstauslöser gelten könnten:

● Die S-Bahn bleibt plötzlich im Tunnel stehen.

● Sie haben das Gefühl, keine Luft mehr zu bekommen.

● Sie befürchten, in Situation X zu versagen.

● Sie sollen vor einer großen Gruppe einen Vortrag halten.

b) Kleben Sie Ihre Abbildungen der verschiedenen „Hilflosigkeits- und Handlungstypen" auf Pappkarton. Ziehen Sie nun aus den zwei Stößen (Stapel I = schwierige Lebenssituation; Stapel II = Hilflosigkeits- oder Handlungsposition) je eine Karte heraus, und spielen Sie die jeweilige Person in der beschriebenen Situation. Der Verzweiflungstyp würde zum Beispiel ständig jammern, während der Managertyp konstruktive Lösungsideen entwickeln würde.

Variante: Machen Sie diese Übung als Spiel mit Freunden!

11.4.7 Das Lieblingsbaum-Ritual

Ziel der Übung ist es, ein wirkungsvolles Symbol außerhalb Ihres Hauses zu finden und diesem eine positive assoziative Bedeutung zuzuordnen. Die meisten der von Angst- und Panikanfällen Betroffenen fühlen sich außerhalb des häuslichen Umfeldes verunsichert. Im schlimmsten Falle führt das dazu, daß das Haus überhaupt nicht mehr verlassen wird. Die Erschaffung von positiv besetzten Symbolen in der Außenwelt soll Ihnen den Gang aus dem Haus erleichtern. Wählen Sie sich als Symbol nun einen Baum aus, der in Ihrer näheren Umgebung häufig vorkommt. Voraussetzung ist, daß Ihnen diese Baumart gefällt! Suchen Sie dann einen Ort, an dem Sie diesen Baum finden können, auf. Prägen Sie sich jede Einzelheit dieses Baumes ein, beschreiben Sie ihn, so gut und so genau Sie können. Während der von Ihnen vorgenommenen „Baumanalyse" sollten Sie dann mehrmals ein stärkendes Wort (z. B. Vertrauen) denken. Das von Ihnen einmal ausgewählte Wort sollten Sie beibehalten. Die Assoziation (unbewußte Brücke) zwischen der jeweiligen Baumart und Ihrem Stärkungswort ist geschaffen. Erinnern Sie sich bei Bedarf (= verunsichernde Situation auf der Straße) an diese Übung. Stellen Sie sich dann „Ihren" Baum vor, oder suchen Sie ganz bewußt nach einem Baum gleicher Gattung. Sie können statt einem Baum auch ein anderes Symbol verwenden. Bäume eignen sich jedoch besonders gut, weil ihnen im Volksmund Heilcharakter zugeordnet wird. So wird der Buche von den Zigeunern eine große Bedeutung beigemessen, da Kontakt mit dieser bei Ängsten und Depressionen sich positiv auswirken soll. Auch der Aufenthalt in der Nähe von Kiefern und Fichten wirke sich allgemein nervenstärkend und entspannend aus.

12. Selbsthilfeprogramm: Wahrnehmungsübungen als Helfer

12.1 Die Schulung der Sinneswahrnehmung

Der Begriff Angst leitet sich aus dem lateinischen „angustiae" her, was soviel bedeutet wie Enge. Mangelnde Fähigkeit, sinnlich wahrzunehmen, führt zu solcher inneren Enge, zu einem Gefühl von Ausweglosigkeit, Unfreiheit, Zwanghaftigkeit. Die Aufmerksamkeit ist ausschließlich auf die Angstgedanken und die damit einhergehenden Körpersymptome gerichtet. Der bewußte Gebrauch der Sinne (Sehen, Hören, Tasten, Schmecken, Riechen) erweitert das Denken und stärkt das Selbstvertrauen. Lernen Sie, Ihre sensorische Unterscheidungsfähigkeit zu entwickeln und zu erweitern. Die Schulung der Sinneswahrnehmung führt zur Auseinandersetzung mit der Gegenwart. Menschen mit häufig auftretenden Gefühlen von Angst und Hilflosigkeit beschäftigen sich meist mit Phantasien womöglich in der Zukunft auf sie zukommender Gefahren oder mit vermeintlichen Versäumnissen und Fehlschlägen der Vergangenheit. Aber: Die Vergangenheit ist vorbei, und die Zukunft ist noch nicht da! Nur im Jetzt können Sie Ihr Leben gestalten und umgestalten. Die Möglichkeit einer Veränderung liegt weder in Ihrer Vergangenheit noch in Ihrer Zukunft, sondern ausschließlich im „Hier und Jetzt". Nur hier und heute können Sie neue Entscheidungen treffen. Angstbezogenen Gedanken aus der Vergangenheit wird ebenso entgegengewirkt wie solchen, die sich auf die Zukunft richten. Entdecken Sie Ihre Sinne wieder! Erfahren Sie die Welt wie ein neugieriges Kind. Legen Sie nun das Buch für folgende Übung kurz aus der Hand. Schließen Sie für ein paar Momente die Augen. Was nehmen Sie wahr? Ihre körpereigenen Prozesse (etwa Ihren Herzschlag)? Oder

Ihre Gedanken? Welcher der auftauchenden Gedanken könnte in belastenden Situationen dazu führen, daß Sie die Sie umgebenden äußeren Dinge nicht mehr so wahrnehmen, wie sie tatsächlich sind, sondern sich auf den inneren Dialog konzentrieren, um dort all den Botschaften zuzuhören, die bewirken, daß Angst und Hilflosigkeit zunimmt? Die hier folgende Auswahl an Übungen soll zu größerer Bewußtheit verhelfen, so daß Sie auch im akuten Angstanfall in der Lage sein werden, der Enge und Bewegungsunfähigkeit entgegenzuwirken. Bewußtes Wahrnehmen läßt sich allerdings nicht auf Kommando erlernen. Es geschieht im Rahmen eines übenden Prozesses. Beginnen Sie, den Farbenreichtum der Welt aufs neue zu entdecken. Folgende Übungen können vor dem Aufsuchen einer als beängstigend erlebten Situation durchgeführt werden. Sie helfen Ihnen, wieder Vertrauen in den fließenden Prozeß des Lebens zu gewinnen. Lernen Sie wie ein Surfer, auf den Wellen zu reiten!

12.2 Die fünf Sinne trainieren

12.2.1 Die Schulung des Sehens

Ängstliche Menschen verlieren häufig den Blick für das größere Ganze. Wie ein „hypnotisiertes Kaninchen" starren Sie auf das scheinbar nicht zu bewältigende Problem. Sehübungen sind deshalb besonders gut geeignet, festgefahrene innere Einstellungen spielerisch aufzulockern. Folgende Sehübungen sollen Ihnen helfen, Ihren „starren" Blickwinkel zu erweitern. Führen Sie die Übungen jeweils eine Minute lang durch:

- Sehen Sie sich die Gegenstände, die in Ihrer Umgebung sind, genau an. Welche Farben treten intensiver in den Vordergrund als andere? Welche der betrachteten Gegenstände liegen mehr im Licht als im Schatten?
- Richten Sie Ihre Aufmerksamkeit auf einen Gegenstand, den Sie schon sehr oft gesehen haben. Versuchen Sie, etwas Neues und Ungewöhnliches an ihm zu entdecken. Betrachten Sie diesen Gegenstand jetzt so, als sähen Sie ihn zum allerersten Mal!

● Suchen Sie sich einen Gegenstand, den Sie gerne betrachten möchten, aus. Lassen Sie Ihre Augen aufmerksam an ihm umherwandern, bis Sie ihn in allen Einzelheiten beschreiben können. Schließen Sie dann die Augen, und vergegenwärtigen Sie sich inwendig die beobachteten Details. Diese Übung sollten Sie auch in Situationen durchführen, die akute Angst- und Hilflosigkeitsgefühle auslösen. Konzentrieren Sie sich auf einen ausgewählten Gegenstand in Ihrer Umgebung. Auch wenn die Angst zu körperlichen Symptomen führt (Schwitzen, Kloßgefühl im Hals, weiche Knie) – konzentrieren Sie sich weiterhin auf Ihr Objekt. Diese Übung ist gerade dann besonders angebracht, wenn Sie bei bisherigen Angstattacken Ihren Körperprozessen übermäßige Beachtung schenkten und die Anspannung dadurch noch verstärkten. Betrachten Sie den Gegenstand, den Sie ansehen, so, als handle es sich um ein bedeutendes Kunstwerk in einem Museum. Lernen Sie durch diese Übung, sich vom Angstgeschehen zu distanzieren. Richten Sie den Brennpunkt Ihrer Aufmerksamkeit auf „anderes".

12.2.2 Die Schmetterlingsübung

Nehmen Sie eine Uhr mit Sekundenzeiger zur Hand. Konzentrieren Sie sich genau eine Minute lang auf einen ausgewählten Gegenstand in Ihrer Umgebung. Welche Farbe, Form und Größe hat er, welche Assoziationen weckt er? Selbst in der einen kurzen Minute können viele unerwünschte Gedanken auftauchen. Stellen Sie sich deshalb vor, die unerwünschten Gedanken – sofern welche auftreten – würden wie Schmetterlinge an Ihnen vorbeiflattern. Halten Sie Ihre „Gedankenschmetterlinge" nicht fest. Lassen Sie einen nach dem anderen an sich vorbeifliegen, während Sie sich weiterhin ganz auf Ihr Beobachtungsobjekt konzentrieren. Führen Sie diese Übung öfter durch, mit wechselnden Objekten. Üben Sie diese Technik, die zu einem bewußten Hinlenken auf das Wesentliche, das Hier und Jetzt führt. Üben Sie auch außer Haus, bei einem Spaziergang etwa im Freien. Dort bietet sich vieles, was Ihre Aufmerksamkeit auf sich ziehen kann.

12.2.3 Die Farbenkreis-Übung

Gelb, Orange, Rot sind warme Farben, während Grün, Lila und Blau zu den kalten Farben gehören. Forschungen ergaben, daß Farben ganz unterschiedliche Gefühlsempfindungen hervorrufen können. Kalte Farben wie etwa Blau wirken sich auf die Psyche beruhigend, gar schmerzlindernd aus, während sich Rot aktivierend und anregend auswirkt. Basteln Sie sich Ihren eigenen Farbenkreis. Verwenden Sie leuchtende Farben. Stellen Sie ihn vor sich auf. Konzentrieren Sie sich nun ausschließlich auf die Farbe Blau. Suchen Sie störende Gedanken und Gefühle ganz auszuschalten. Richten Sie Ihre gesamte Aufmerksamkeit auf die Farbe Blau, und fühlen Sie die beruhigende und entspannende Wirkung. Lassen Sie die Farbe Blau zu Ihrer Heilfarbe werden.

- Hängen Sie Ihren Farbenkreis an gut sichtbarer Stelle auf, und vergegenwärtigen Sie sich immer wieder die Farbe Blau, wenn Ihr Blick darauf fällt.
- Tauchen Sie in schwierigen Situationen die ganze Szene in blaue Farbe, als würden blaue Scheinwerfer darauf gerichtet.
- Stellen Sie sich vor dem Einschlafen die Farbe Blau vor.
- Suchen Sie auch in Schaufensterauslagen nach blauen Dingen. Überall, wo Sie etwas Blaues entdecken, können Sie sich innerlich leise zuflüstern, daß „blau" eine beruhigende Wirkung hat.

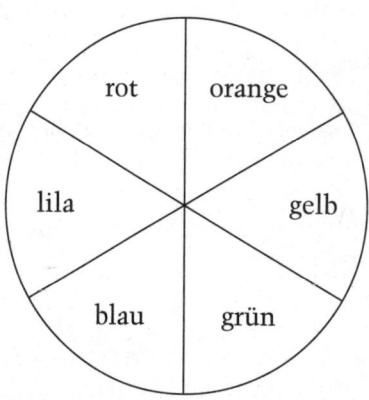

12.2.4 Die Natur-Übung

Suchen Sie sich einen ruhigen, friedlichen Platz in der Natur, wo Sie ungestört sind. Setzen Sie sich auf eine schöne Wiese oder unter einen Baum. Sehen Sie sich um. Was können Sie jetzt gerade sehen, hören, riechen? Was können Sie berühren und erspüren? Erzählen Sie sich leise eine Geschichte über Ihre Wahrnehmungen im „Hier und Jetzt". Solch eine Geschichte könnte etwa folgendermaßen klingen:

„Jetzt höre ich das leichte, sanfte Rauschen des Windes – jetzt sehe ich einen Vogel, der ganz oben auf einem Zweig sitzt – jetzt einen buntschillernden Käfer, der über das Moos krabbelt – jetzt fühle ich die weiche Erde unter mir". Je länger Sie diese Übung durchführen, und je öfter Sie das Wort „jetzt" einfließen lassen, desto ruhiger werden Sie! Probieren Sie es aus!

12.2.5 Die Kaleidoskop-Technik

Haben Sie ein Kaleidoskop? Beobachten Sie die immer neuen Muster, die bei jeder Drehung entstehen. Wie im Kaleidoskop ergeben sich auch im Leben ständig neue Zuordnungen. Schreiben Sie Ihre Gedanken hierzu in Ihr Handlungstagebuch.

12.3 Die Schulung des Hörens

Was hören Sie in diesem Moment? Was an Lautem, was im Hintergrund? Sind es natürliche oder künstliche Geräusche? Achten Sie auf alles, was jetzt gerade zu hören ist. Versuchen Sie zu orten, woher die jeweiligen Geräusche kommen. Mit welchen Worten lassen sie sich beschreiben?

● Achten Sie bei einem Spaziergang im Freien darauf, was in der Natur alles zu hören ist. Können Sie einen Grashalm rascheln hören? Oder hören, wenn ein Blatt herabfällt?

12.3.1 Die Fluß-Übung

Setzen Sie sich an einen Fluß, und hören Sie das gleichmäßige Fließen des Wassers. Denken Sie dann über folgenden Text nach: So wenig, wie es Ihnen gelingen wird, den Fluß auf seiner Wanderschaft durch das Flußbett aufzuhalten, wird es möglich sein, die in zukünftigen Lebenssituationen erforderlichen Handlungen vorauszuplanen. Im Alltag sorgen unerwartete Überraschungen häufig dafür, daß bereits gefaßte Pläne verändert und umstrukturiert werden müssen. Die intensive Beschäftigung mit zukünftigen negativen Ereignissen führt nirgendwo hin! Hier an diesem Flusse sitzend, würden Sie sich sicherlich nicht ausmalen, daß sich nach der nächsten – für Sie nicht mehr sichtbaren Flußbiegung – eine häßliche Schlammkloake mit ekligen Würmern befindet, sondern Sie würden vielmehr annehmen, er fließe harmonisch und in vielen mehr oder weniger geschwungenen Bögen durch Wiesen und Wälder. Schließen Sie jetzt die Augen, und hören Sie noch einmal auf das Rauschen des Wassers, während Sie in Ihrer inneren Vorstellung gleichzeitig ein positives und angenehmes Zukunftsbild erschaffen. Malen Sie sich Ihr inneres Bild so deutlich wie möglich aus. Notieren Sie das von Ihnen erschaffene positive Zukunftsbild in Ihrem Handlungstagebuch.

12.3.2 Die Tonheilung

In vielen Kulturen dient Musik nicht nur der Unterhaltung, sondern wird auch eingesetzt, Zustände veränderten Bewußtseins herbeizuführen. In Afrika oder Südamerika werden vielfach Trommelrhythmen verwendet, um Zuhörer oder Tänzer in Trance zu versetzen. In dieser Trance werden besondere Kräfte freigesetzt, Visionen entstehen. Sicher gibt es auch für Sie Musik, deren Rhythmus und Klang Ihnen Wohlbefinden verleiht. Hören Sie sich nun eines Ihrer Lieblingsstücke an und achten Sie darauf, ob Sie dabei Kraft und Energie empfinden oder ob Ihnen womöglich Kraft verlorengeht. Suchen Sie so lange nach einem geeigneten Musikstück, bis Sie fündig werden. Wählen Sie Musik, die Sie stärkt und aufbaut. Hören Sie Ihre ganz persönliche „Kraftmusik" hin und wieder an. Tun Sie dabei nichts anderes. Hören Sie mit voller Aufmerksamkeit zu. Atmen Sie tief durch, und stellen Sie sich vor, die Musik ströme in Ihren Körper hinein und fülle jede Ihrer Körperzellen mit neuer Kraft. Den bei dieser Übung möglicherweise auftauchenden störenden Vorstellungen und Gedanken geben Sie den Befehl „jetzt nicht". Sie können auch zu tanzen beginnen. Störenden Gedanken tanzen Sie einfach davon. Nehmen Sie sich nach Abschluß dieser Übung Ihr Handlungstagebuch vor, und ergänzen Sie folgenden Satz: „Meine Musik gibt mir heute (heilt mich heute von) ..." Notieren Sie ganz spontan, was Ihnen einfällt. Wichtig ist, daß Sie nicht nach besonders „Schlauem" suchen, sondern den allerersten Einfall niederschreiben. Beispiele von Klienten:

- Meine Musik gibt mir heute Freude
- Meine Musik gibt mir heute Entspannung von meinem Ärger
- Meine Musik gibt mir heute Ruhe nach dem Streß des Alltags
- Meine Musik gibt mir heute Trost bei einer Enttäuschung
- Meine Musik gibt mir heute Heilung.

12.3.3 Die Heilmuschel-Übung

Haben Sie zwei größere Muscheln? Probieren Sie damit folgendes aus: Halten Sie sie dicht über Ihre Ohren, und horchen Sie auf das Rauschen. Schließen Sie die Augen, und lassen Sie Erinnerungen an Strand- und Meeraufenthalte wach werden. Falls Sie keine Muscheln haben, können Sie diese Übung auch mit Ihren Händen machen. Legen Sie Ihre Handflächen hohl auf die Ohren! Versenken Sie sich einige Minuten lang in Ihre eigene innere Welt. Nehmen Sie diese Übung ernst. Sie werden erstaunt feststellen, daß negative Gedanken völlig in den Hintergrund treten und Ruhe und Entspannung sich einstellen.

12.4 Die Schulung des Tastens und Berührens

Berühren Sie verschiedene Gegenstände, erst mit offenen, dann mit geschlossenen Augen. Welchen Unterschied können Sie feststellen? Finden Sie Worte dafür, wie sich diese Gegenstände anfühlen (grob, weich, flauschig, hart, klebrig).

12.5 Die Schulung des Riechens

Welche Gerüche nehmen Sie wahr? Riechen Sie z. B. die frischen Brötchen beim Bäcker oder den Geruch des Zeitungspapiers? Welche anderen Gerüche können Sie identifizieren? Verschiedene Blumen, Früchte, frisches Holz? Welche Gerüche stören Sie? Abgase, Zigarettenrauch, aufdringliches Parfum?

12.6 Die Schulung des Schmeckens

Nehmen Sie sich Zeit für ganz konkrete Geschmacksübungen:
- Wie schmeckt ein Apfel im Vergleich zu einer Birne?
- Wie schmecken die verschiedenen Teile eines Apfels (die Schale, der äußere oder der innere Teil)?
- Welche Geschmacksqualitäten können Sie bei verschiedenen Nahrungsmitteln wahrnehmen (scharf, süß, sauer, salzig, bitter)?
- Essen Sie verschiedene Nahrungsmittel mit geschlossenen Augen, und beschreiben Sie den Unterschied in der Geschmacksqualität.
- Behalten Sie einen Bissen (eine Süßigkeit, ein Obst, ein Stück Kartoffel usw.) länger als üblich im Mund, und beobachten Sie die sich verändernde Geschmacksqualität.

12.7 Die Ablenkungsübungen

Ablenkungstechniken wirken nur vorübergehend und erleichtern die Bewältigung kritischer Situationen. Die nachfolgend beschriebenen Ablenkungsübungen bewirken, daß Sie trotz negativer Gedanken und belastender Gefühlsreaktionen bedrohlich erlebte Situationen aushalten können. Trotz der Angst handeln zu lernen, ist das entscheidende Motto. Hierzu weitere Übungen:

12.7.1 Die Augenroll-Übung

Denken Sie an Ihre Angst, und rollen Sie gleichzeitig Ihre Augen abwechselnd links- und dann rechtsherum.

12.7.2 Die Einmaleins-Übung

Denken Sie an Ihre Angst, und sagen Sie gleichzeitig die Siebener Reihe im Einmaleins (7, 14, 21 ...) oder irgendeine andere auf.

12.7.3 Die Alphabet-Übung

Sprechen Sie gleichzeitig das Alphabet von A bis Z vor sich hin. Versuchen Sie es rückwärts.

12.8 Die Schulung kreativen Handelns

Welche Assoziationen weckt das Wort „Kreativität" bei Ihnen? Denken Sie etwa an eine schöne Gartengestaltung, an das Ausprobieren eines komplizierten Strickmusters, oder bezieht es sich nur auf künstlerische Tätigkeiten wie Malen und Bildhauern? Engen Sie den Begriff der „Kreativität" bitte nicht zu sehr ein. Kreativität – wörtlich übersetzt: Schöpferkraft –, die Fähigkeit phantasievollen Gestaltens, ist das wichtigste Hilfsmittel, aktiv handelnd aus der lähmenden Hilflosigkeit herauszukommen. Schöpferische Phantasie ist gefragt im Umgang mit Problemen. Sie läßt ungewöhnliche Lösungswege hervortreten. Jeder künstlerische Akt ist ein Sich-Vortasten in Unbekanntes. Schöpferisches Tun setzt sich aus vielen kleinen Einzelschritten zusammen. Es bedeutet die Bewältigung von Unsicherheiten und Ungewißheiten, die nicht berechenbar sind. Ob das Endprodukt tatsächlich so wird, wie man es sich anfangs erdacht hatte, ist nicht vorhersehbar. Kreativität fordert und fördert Konzentration auf den gegenwärtigen Augenblick. Durch bildliche Darstellungen lassen sich komplizierte Zusammenhänge und Gefühle eindrucksvoller darstellen und auch erschließen als nur mit Worten. Zeichnen und Malen als Form der Selbsthilfe kann bewirken, mit einfachen Mitteln Zugang zu Ihrer Innenwelt zu finden. Im schöpferischen Tun können Sie sich konkret erfahren, sich ganz bewußt mit sich selbst auseinandersetzen und Wandlungsprozesse einleiten.

12.8.1 Die Blickpunktveränderung

Nehmen Sie sich ein großes Blatt Papier und Malstifte zur Hand (am besten Wachsmalkreiden). Malen Sie mit Ihrer nicht-aktiven Hand ganz spontan ein Bild „Meine Angst". Nehmen Sie dann ein zweites Blatt, und geben Sie Ihrer aktiven Hand das Thema „Meine innere Stärke". Vergleichen Sie beide Bilder, und notieren Sie Ihre Erfahrungen und Einfälle in Ihrem Handlungstagebuch.

12.8.2 Die Collagen-Technik

Diese Übung eignet sich besonders gut für ein verregnetes Wochenende. Machen Sie eine Collage. Schneiden Sie dazu aus alten Zeitschriften Bilder und Textstellen aus, die Sie zur Widerspiegelung Ihrer Gefühle von Angst und Hilflosigkeit brauchen können. Lassen Sie die Collage ganz spontan entstehen, ohne viel dabei zu denken. Gestalten Sie gleich anschließend ein zweites Bild, das Sie „Handlungs- oder Heilcollage" nennen können. Kleben Sie dort all die Bilder auf, die Ihnen das Gefühl vermitteln, positiver Gestalter Ihrer Gegenwart zu sein. Suchen Sie in Ihrer Wohnung einen geeigneten Platz, an dem Sie Ihre Kunstwerke aufhängen können. Lassen Sie beide Bilder auf sich wirken. Sie spiegeln polare Teile Ihrer Realität wider.

12.8.3 Betrachten Sie eine weiße Wand

Setzen Sie sich in einiger Entfernung vor eine weiße Wand, oder schauen Sie auf ein großes weißes Blatt Papier. Betrachten Sie ganz ruhig die weiße Fläche. Atmen Sie dabei tief durch, und stellen Sie sich vor, ganz gedankenleer zu werden. Alles um Sie herum verliert an Bedeutung. Nur die Gegenwart zählt, die weiße Leere. Stellen Sie sich nun auf der weißen Fläche verschiedene geometrische Formen vor, wie etwa einen Kreis, ein Quadrat oder auch eine Pyramide. Malen Sie diese Form in Gedanken mit schwarzem Stift auf. Sie schulen durch diese Übung Ihre Konzentrationsfähigkeit.

12.8.4 Das Angstthermometer

Basteln Sie Ihr eigenes Angstthermometer. Ähnlich wie ein Thermometer die Zimmer- oder Außentemperatur anzeigen kann, soll Ihr Angstthermometer die Intensität Ihrer jeweiligen Angst- und Hilflosigkeitsgefühle messen. Ihr Angstthermometer sollte zehn Abstufungen haben. „0" bedeutet, daß Sie völlig angstfrei sind, und „10", daß Sie vor Angst „fast in Ohnmacht" fallen. Basteln Sie sich eine Schiebevorrichtung aus Pappe, um Ihr Angstausmaß auf dem Thermometer einstellen zu können. Es geht darum, die Gefühle von Hilflosigkeit differenzierter wahrnehmen und bewerten zu lernen, zu beobachten, daß diese Gefühle nicht immer gleich stark sind, sondern sich laufend verändern. Ähnlich wie die Temperatur fällt und steigt, verhält es sich auch mit Ihren Gefühlen von Angst und Hilflosigkeit.

12.8.5 Die Wandkarten-Technik

Malen Sie auf ein Blatt Papier folgendes auf:

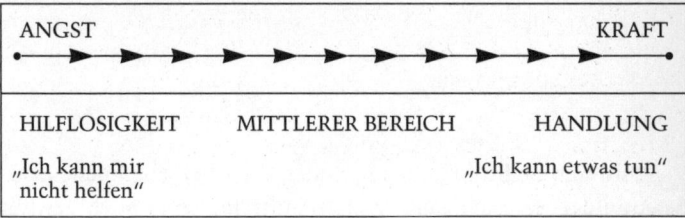

Wo würden Sie sich jetzt im Moment ansiedeln? Falls im mittleren Bereich, bedeutet dies, daß ein Teil in Ihnen stark genug ist, sich zu aktivem Handeln hinzuentwickeln. Finden Sie sich aber im Bereich der Hilflosigkeit wieder, so holen Sie Ihr Handlungstagebuch hervor. Schreiben Sie mindestens zehn Situationen oder Lebensbereiche auf, in denen Sie aktiv und handlungsfähig sind. Wiederholen Sie jetzt die Selbsteinschätzung. Wo würden Sie sich nach dieser Übung in der Skala einordnen? Diese Darstellung soll Ihnen künftig als Bezugsrahmen dienen. Hängen Sie sie an die Wand. Sie tun etwas! Sie werden aktiv und werden immer daran erinnert, daß nur ein Weg aus der Hilflosigkeit herausführt, und das ist Aktion, Aktivität, Handlung! Eine sichtbare Abbildung dieser Art läßt Sie das Ziel nicht aus den Augen verlieren. Es hält Ihre Motivation aufrecht. Stecken Sie eine Nadel genau dorthin, wo Sie sich in Ihrer momentanen Lebenssituation befinden. Überprüfen Sie in der Folgezeit öfter einmal, ob Sie sich noch am gleichen Platz einordnen würden, oder ob sich Ihre Selbsteinschätzung weiter in Richtung Handlungsfähigkeit bewegt hat. Verzeihen Sie sich auch mögliche Rückfälle! Sie befinden sich in einem Wachstumsprozeß. Jedesmal, wenn Sie Gefühle von Hilflosigkeit und Angst überkommen, haben Sie die Chance, zu erkennen, welche Handlungen Sie wo, bei wem und wann unterlassen haben. Jedweder Ärger über Ihre Gefühlslage oder über Ihre vermeintlichen Unzulänglichkeiten steigert nur Ihre Hilflosigkeit und führt zu Handlungsunfähigkeit.

13. Selbsthilfeprogramm: Visualisierung als Helfer

Visualisieren heißt, in „inneren Bildern" zu denken. Solche „Tagtraumbilder" können ganz spontan auftreten, aber auch bewußt entwickelt werden. Innere Bilder haben allemal entspannenden und heilenden Charakter. Innere Bilder tragen zur Entspannung bei und fördern die Fähigkeit, sich nach innen zu wenden. Die für das Angsterleben typischen Katastrophenerwartungen gleichen negativen Vorstellungsbildern. Diesen kann durch positiv-kreatives Visualisieren begegnet werden. Das Unbewußte wird in erster Linie von bildhaften Vorstellungen beeinflußt. Wandel geschieht durch innere Bilder. Visualisierungen können helfen

- zur Verminderung von Streß und Anspannung (Beruhigung des autonomen Nervensystems);
- zur Freisetzung heilender Kräfte;
- zu ausgeglichenem Muskeltonus und ruhigem Herzschlag;
- zu vermehrter Alpha-Wellen-Produktion im Gehirn;
- zu Probehandeln in der Phantasie, bis für die Ausführung der realen Handlung Sicherheit entstanden ist.

Der Krebsforscher C. Simonton konnte bei Krebspatienten durch den Einsatz von Visualisierungsübungen entscheidende Erfolge erzielen (Verbesserung des Allgemeinbefindens bis hin zu spontanen Heilungen).

Wie nun funktioniert die Entwicklung innerer Bilder? Testen Sie Ihre Vorstellungskraft: Schließen Sie die Augen, und stellen Sie sich einen roten Tiger, der einen langen blauen Schwanz hat, vor. Oder einen grün-weiß gestreiften Papierdrachen, der in den wolkenreichen Himmel aufsteigt. Sicherlich wird Ihnen eine dieser Vorstellungen gelungen sein! Innere Bilder und Vorstellungen stellen sich leichter in entspanntem Zustand ein. Bilder lassen sich nicht erzwingen. Erwarten sie nicht zuviel von sich! Innere Bilder sind nicht so klar und konkret wie das, was Sie real wahrnehmen. Ihre inneren Bilder können auch gedankliche Vorstellungen sein, die Sie sich bildhaft ausmalen. Jeder Mensch „bildert" anders. Ihre Bilder können entweder in schneller Abfolge geschehen oder sich ganz langsam entfalten. Sie können bunt und üppig oder ganz farblos sein. Auch wenn es Ihnen anfangs womöglich nicht so gut gelingen sollte, innere Bilder entstehen zu lassen, so können Sie mit der Zeit durchaus lernen, Ihr inneres Sehen wieder zur Entfaltung zu bringen.

Schwierigkeiten sind überwindbar!

Um bestmögliche Entspannung zu erzielen, können Sie verschiedene Techniken anwenden:

- Zählen Sie mit geschlossenen Augen langsam von 10 bis 1, und atmen Sie dabei gleichmäßig und ruhig. Konzentrieren Sie sich dann auf die von Ihnen gewählte Übung oder Ihr Ausgangsthema.

- Es empfiehlt sich, einige der Übungen auf Kassettenrecorder zu sprechen, um nicht durch das Lesen abgelenkt zu werden.

- Sorgen Sie dafür, daß äußere Störungen weitgehend ausgeschaltet sind.

- Hören Sie beruhigender Musik zu (Meditations- oder klassischer Musik).

- Beobachten Sie Ihren Atem.

- Fixieren Sie einen Punkt im Raum, bis dieser allmählich zu verschwimmen beginnt. Es wird Ihnen dann leichtfallen, die Augen „wie von selbst" zu schließen.

- Halten Sie ein Photo oder eine Postkarte mit einem schönen Landschaftsbild in den Händen. Stellen Sie sich vor, Sie seien dort. Schließen Sie dann die Augen.

Entspannungs- und Visualisierungsübungen können womöglich die Angst anfänglich etwas erhöhen, bis sie zur Gewohnheit geworden sind. Sollte dies bei Ihnen der Fall sein, gibt es sehr einfache Methoden, jederzeit wieder in den klaren Wachzustand zurückzufinden.

- Öffnen Sie hin und wieder die Augen, und sehen Sie sich in dem Raum um, in dem Sie sich befinden.

- Bewegen Sie Arme und Beine ein wenig, und spannen Sie die Muskeln etwas an.
- Zählen Sie sich langsam von 1 wieder nach oben bis 10. Beenden Sie die Übung bitte stets langsam. Keinesfalls abrupt. Sie befinden sich in einer leichten Trance. Zu schnelles „Zurückkommen" kann Schwindel und Unwohlsein hervorrufen. Lassen Sie sich von Anfangsschwierigkeiten nicht entmutigen. Gerade in der Stille der Entspannung können unangenehme Gefühle noch deutlicher hervortreten.

13.1 Einübung in die Visualisierung

Konzentrieren Sie sich auf jede der folgenden Anweisungen einige Minuten lang. Sprechen Sie die Fragen – wenn möglich – auf einen Kassettenrecorder, und halten Sie die Augen geschlossen. Beginnen Sie nun:
- Stellen Sie sich eine idyllische Landschaft vor.
- Lassen Sie Ihre rechte Hand wärmer werden als Ihre linke.
- Stellen Sie sich vor, Sie beobachten einen Sonnenaufgang im Frühling.
- Erinnern Sie sich an den Geruch frischen Harzes.
- Denken Sie an den Ort, an dem Sie als Kind am liebsten Ball gespielt haben.
- Stellen Sie sich vor, jemand erzählt Ihnen einen lustigen Witz.
- Stellen Sie sich die Worte „Ruhe" und „Kraft" mit goldenen Buchstaben auf einer Tafel geschrieben vor.
- Malen Sie in Gedanken einen See, und stellen Sie sich dessen Umgebung vor. Werden Sie selbst zu einem ruhigen See. Störende Gedanken sind wie kleine Steine, die in diesen See hineingeworfen werden. Sie bilden kleine kreisrunde Wellen, bis sich die Wasseroberfläche wieder beruhigt hat. Öffnen Sie nun die Augen.
- Zünden Sie eine Kerze an. Stellen Sie sie auf den Boden auf. Setzen Sie sich in aufrechter Haltung bequem davor hin. Konzentrieren Sie sich auf das Licht der Flamme. Geben Sie sich zehn Minuten Zeit, in das Kerzenlicht zu sehen, und schließen Sie

dann die Augen. Sehen Sie nun mit geschlossenen Augen die Kerzenflamme vor sich.

13.2 Die Schaffung eines inneren Bildschirms

Als wirkungsvolle Technik hat sich der Einsatz des „inneren Bildschirms" erwiesen, den Sie sich nun nach Ihren eigenen Wünschen und Bedürfnissen gestalten können. Der „innere Bildschirm" ist Ihre geistige Kinoleinwand, mit der Sie die Fähigkeit des Visualisierens entwickeln und verfeinern können. Auf dieser Leinwand können Sie all das abbilden, was Ihrer Weiterentwicklung dient. Sie können sich jedwede Situation gefahrlos vorstellen und das Probehandeln in der Phantasie so lange üben, bis Sie sich getrauen, auch in der Realität aktiv zu werden. Ihr „innerer Bildschirm" ist der Vorbereitungsort für Ihr Tun. Neue Verhaltensweisen können durchdacht, durchgespielt und ausprobiert werden.

Beispiel: Wer in der Öffentlichkeit sicher sprechen möchte, kann sich auf seinem „inneren Bildschirm" schon in souveräner Rednerpose sehen.

Beispiel: Wer etwa Fahrten in der Straßenbahn fürchtet, sollte sich auf seiner geistigen Leinwand – innerhalb des Rahmens – vorstellen, wie er ruhig und gelassen in der Straßenbahn sitzt und sicher am Zielort ankommt.

Schaffen Sie sich jetzt Ihren eigenen „inneren Bildschirm". Schließen Sie die Augen. Richten Sie den Blick leicht nach oben (links oder rechts), und rahmen Sie dort eine Fläche ein, die Ihnen zukünftig als Bildschirm oder als geistige Leinwand dienen soll. Sie können auf dieser Leinwand

- hilfreiche Gedanken aufschreiben und bei Bedarf wie mit einem Zoom vergrößern;
- Situationen positiv durchspielen;
- neues Verhalten erproben.

Der Rahmen Ihres Bildschirms hat für Ihr Unterbewußtsein eine wichtige Funktion! Sie schaffen damit einen konkret abgegrenzten Bereich, in dem positive Handlungen und Vorstellungen möglich werden. Ihrem Bildschirm kann eine Vielzahl weiterer Verwendungsmöglichkeiten zukommen. Sie können etwa auch die Übungen, die Sie am nächsten Tage ausprobieren möchten, auf dem „inneren Bildschirm" mit Rot- oder Goldstift notieren. Stellen Sie sich auf Ihrem Bildschirm immer nur positive Problemlösungsversuche vor! Probleme und Situationen des Versagens haben auf Ihrer geistigen Leinwand nichts zu suchen. Wenn sich eine negative Vorstellung auf Ihrer geistigen Leinwand festsetzen möchte, kann die Vorstellung helfen, sie mit einem Tuch auszuwischen oder ihr einen Platz außerhalb des Bildschirmes zuzuweisen.

13.2.1 Die erweiterte Bildschirm-Übung

Stellen Sie sich vor, daß Sie sich außerhalb Ihres Bildschirmrahmens so sehen, wie Sie während eines Angstanfalls aussehen könnten (Körperhaltung z. B.). Lassen Sie über Ihrem Kopf wie in einem Comicfilm Sprechblasen mit den unterschiedlichsten Angstgedanken erscheinen. Beobachten Sie diese Person, die Sie selbst sein sollen, so als hätten Sie Distanz zu dieser. Stellen Sie sich dann vor, daß dieses Bild immer kleiner und farbloser wird. Entscheiden Sie, ob Sie sich weiterhin so fühlen und verhalten möchten wie jene Person, die Sie gerade vor sich sehen. Beschließen Sie nun, ein anderes und angenehmeres Bild einzustellen. Verwenden Sie zu diesem Zweck Ihren geistigen Bildschirm, auf dem Sie sich (in Farbe) als mutige, handlungsfähige Person vorstellen. Die Person, die jetzt dort erscheint, trägt die Kleidung, die Sie gerne an sich mögen, hat eine aufrechte Körperhaltung und kann mit den Gegebenheiten des Lebens gut zurechtkommen. Nehmen Sie sich Zeit für diesen positiven Tagtraum! Welche Erfolge hat diese Person, und welche Komplimente erhält sie? Welche angenehmen Tätigkeiten führt die Person auf dem Phantasiebildschirm gerade aus? Lassen Sie wieder einmal Sprechblasen erscheinen, in denen Worte wie „Ich kann" oder Sätze wie „im Handeln liegt die Kraft" auftauchen. Geben Sie sich ganz diesen angenehmen Bildern und Vorstellungen hin. Zum Abschluß der

Übung sollten Sie sich positiv in einer „Großaufnahme" vorstellen. Verweilen Sie bei diesem inneren Bild länger als bei dem zuvor erstellten negativen.

13.3 Nehmen Sie Kontakt zu Ihrem „inneren Beobachter" auf

Sie bestehen nicht nur aus Angst. Neben Ihren Gefühlen von Angst- und Hilflosigkeit haben Sie vernünftige, wissende, beratende und handlungsfähige innere Anteile. Diese starken Teile zusammen sollen im folgenden als Ihr „intuitiver innerer Beobachter" bezeichnet werden. Er ist der Vernünftige, der Beratende und Tröstende. Er ermöglicht, unangenehme Situationen aus anderem Blickwinkel heraus zu betrachten, neue Sichtweisen zu entwickeln. Er erlaubt, aus negativen Denkmustern herauszutreten und konstruktiv handelnd an die Lösung von Problemen heranzugehen. Sie können Ihren „inneren Beobachter" auch systematisch schulen.

Eine ganz besondere Seite des „inneren Beobachters" ist die der „inneren Weisheit". Jeder Mensch verfügt über solche Weisheit. Atmung, Herzschlag und andere vegetativen Prozesse werden durch die – nicht bewußte – „Weisheit Ihres Körpers" aufrechterhalten. Im Alltag beweisen Sie in der Regel großes Vertrauen. Das Brot, das Sie beim Bäcker gekauft haben, essen Sie ohne Argwohn, es könne vergiftet sein. Sie vertrauen darauf, daß andere Verkehrsteilnehmer wohl wissen, wie die Bremse ihres Fahrzeuges zu betätigen ist. Sie vertrauen und verlassen sich auch darauf, daß Züge zu den planmäßigen Zeiten abfahren und am richtigen Zielbahnhof ankommen. Ganz selbstverständlich gehen Sie davon aus, eingenommene Medikamente würden helfen, Sie zu kurieren. Sie sind vertrauensfähig. Lernen Sie, auch Ihrer „inneren Weisheit" zu vertrauen. Hören Sie auf Ihre „innere Stimme", die Ihnen intuitiv oft weit hilfreichere Einsichten vermittelt als Ihr Verstand. Die „innere Weisheit" ist die Quelle Ihrer positiven Eingebungen, Gedanken und Phantasien. Aus ihr schöpfen Sie ganz spontan Lösungen für Probleme, an denen Ihr Verstand schon länger „herumgeknobelt" hat. Nehmen Sie sich Zeit, in Kontakt mit

Ihrer „inneren Weisheit" zu treten. Schreiben Sie auf ein Blatt Papier fünf persönliche Fragen, die Sie gerne beantworten möchten. Schließen Sie dann die Augen, und lassen Sie Bilder oder auch Antwortsätze aus dem Unbewußten aufsteigen. Sitzen Sie einfach nur da, lassen Sie Ihren Atem ruhig fließen, und beobachten Sie den Strom Ihrer Gedanken und Empfindungen. Ihre „innere Weisheit" muß nicht „logisch" und in grammatikalisch korrekten Sätzen antworten. Sie kann sich auch als „gefühlte" Empfindung mitteilen. Reservieren Sie täglich einige Minuten, mit Ihrer „inneren Weisheit" Zwiesprache zu halten. Sie können sie alles fragen. Probieren Sie bei der nächsten anstehenden Entscheidung folgendes aus:

● Schreiben Sie Ihre Problemfrage auf ein Blatt Papier. Legen Sie dieses auf Ihren Schoß. Schließen Sie dann die Augen, und fassen Sie sich an den Händen. Lassen Sie sich Zeit. Werden Sie der aufsteigenden Gedankenbruchstücke gewahr, der Bilder und Gefühle. Warten Sie ruhig und entspannt, was geschieht.

13.3.1 Die Begegnung mit dem „inneren Ratgeber" der „inneren Ratgeberin"

Ihre „innere Weisheit" kann für Sie greifbarer werden, wenn Sie sich eine Symbolgestalt erschaffen, die sprechen und sich bewegen kann und die Ihnen Antwort auf Ihre Fragen gibt. Setzen Sie sich in einen bequemen Stuhl. Schließen Sie die Augen, und atmen Sie ruhig und gleichmäßig, bis Sie sich ganz entspannt fühlen. Stellen Sie sich nun vor, Sie befänden sich auf einer Sommerwiese mit blühenden Blumen. Sie sitzen auf dieser Wiese und fühlen, wie sich Wärme, Wohlbehagen und Ruhe in Ihnen ausbreiten. Über die Wiese führt ein Pfad. Bitten Sie nun Ihren inneren „Ratgeber" / Ihre „Ratgeberin", Ihnen auf diesem Pfad entgegenzukommen. Ganz hinten können Sie schemenhaft eine Gestalt erkennen, die langsam näher kommt. Sie erkennen, daß es sich um ein Lebewesen handelt, um ein freundlich wirkendes Tier oder auch um eine Person. Sehen Sie sich die Gestalt nun genauer an. Ist sie männlich oder weiblich? Was strahlt sie aus? Wie fühlen Sie sich in ihrer Gegenwart? Falls Sie irgendwelche unangenehmen Gefühle haben, verabschieden Sie die Gestalt und bitten Ihre Phantasie um ein anderes Ratgeber-Wesen. Wiederholen Sie diese Übung, bis Sie den richtigen Ratgeber gefunden haben, bei dem Sie sich rundum geborgen und sicher fühlen. Fragen Sie ihn nach seinem Namen, und bitten Sie ihn um Hilfe und Unterstützung bei der Lösung Ihrer Probleme. Führen Sie ein richtiges Gespräch, stellen Sie innerlich Fragen, und hören Sie genau auf die Antworten. Unterhalten Sie sich mit Ihrem „inneren Ratgeber" so wie mit Ihrem besten Freund. Notieren Sie Ihre Erfahrungen aus dieser Übung in Ihr Handlungstagebuch.

13.3.2 Der „inneren Weisheit" eine Form geben

Nehmen Sie sich für diese Übung genügend Zeit. Sorgen Sie dafür, nicht gestört zu werden (Telefon!). Nehmen Sie eine bequeme Sitzhaltung ein, und atmen Sie ruhig und gelassen. Beobachten Sie Ihren Atem, wie er ein- und ausströmt, wie die Brust sich hebt und senkt. Wenn Sie das Gefühl angenehmer Entspannung haben, bitten Sie Ihre „innere Weisheit", sich bildhaft darzustellen. Bleiben Sie beim ersten Einfall, der Ihnen kommt. Es kann dies eine Blume sein, ein Kristall, eine Pyramide, aber auch ein Tier oder eine Person. Auch eine Märchenfigur, wie etwa die gute Fee oder der weise Zauberer. Die Bilderwelt jedes Menschen ist einzigartig. Ist der Kontakt mit Ihrer „inneren Weisheit" gelungen, so malen Sie das erhaltene Symbol mit Buntstiften auf ein Blatt Papier. Vielleicht finden Sie auch eine Ab- oder Nachbildung Ihres Symbols (eine Postkarte oder den Gegenstand selbst). Geben Sie Ihrer Zeichnung oder dem Gegenstand einen besonderen Platz, in Ihrem Schlafzimmer etwa oder auch an Ihrem Schreibtisch. Ihr Unterbewußtsein wird so immer wieder daran erinnert, daß Sie Zugang zu Ihrer „inneren Weisheit" gefunden haben, daß Ihnen all die Fähigkeiten verfügbar sind, die Sie zur Selbsthilfe benötigen.

13.3.3 Das Herz der „inneren Weisheit"

Besorgen Sie sich ein Stück Wolle, und legen Sie es in Herzform auf den Boden. Das Herz sollte so groß sein, daß Sie bequem hineinsteigen können. Stellen Sie sich nun außerhalb Ihres Wollherzens hin, und formulieren Sie laut einen Ihrer vielen Angstgedanken. Hören Sie sich selbst ganz bewußt zu. Dann treten Sie in das Herz Ihrer „inneren Weisheit" hinein. Schließen Sie die Augen, und bitten Sie Ihre „innere Weisheit", Ihnen einen hilfreichen Gedanken oder ein heilendes Bild zu schenken. Warten Sie geduldig ab, bis ein Satz, ein Wort, ein Bild auftaucht. Bisweilen ist es auch nur eine Farbe. Nehmen Sie auch dies als Geschenk Ihrer „inneren Weisheit". Atmen Sie in Gedanken diese Farbe. Es ist Ihre innere Heilfarbe. Wenn Sie Spaß an dieser Übung finden, können Sie mehrere Ihrer Angstgedanken nacheinander durchgehen und Ihre „innere Weisheit" dazu befragen. Notieren Sie Ihre Erfahrungen in Ihrem Handlungstagebuch, und achten Sie darauf, daß Sie die Empfehlungen Ihrer „inneren Weisheit" auch im Alltag umsetzen.

13.3.4 Die Energieübung

Schließen Sie die Augen. Bitten Sie Ihre „innere Weisheit", Ihnen die Farbe zu schicken, die Sie im Moment am nötigsten brauchen. Eine Farbe, die Ihnen hilft, sich zu beruhigen und wieder in Bezug zu kommen mit Ihrer inneren Stärke. Lassen Sie die Farbe ganz einfach aus Ihrem Inneren emporsteigen. Stellen Sie sich vor, eine Märchenwolke in eben dieser Farbe hülle Sie beruhigend und tröstend ein. Sie können sich in dieser Wolke rundum geborgen und wohl fühlen. Schöpfen Sie Kraft aus der Schwingung dieser Farbe. Es kann gut sein, daß Ihre Farbe fließend in eine andere überwechselt. Lassen Sie es ruhig geschehen. Farben haben Heilwirkung.

13.4 Bauen Sie unsichtbare Hilfsmauern auf

Visualisierungsübungen können auch in sozialen Situationen hilfreiche Dienste leisten. Stellen Sie sich eine reale Person vor, in deren Anwesenheit Sie sich ängstlich oder hilflos fühlen. Entwikkeln Sie nun in der Vorstellung verschiedene Vorgehensweisen:

● Stellen Sie sich etwa vor, Sie hätten einen Schutzschild, den Sie zwischen sich und die betreffende Person halten könnten.
● Bauen Sie eine unsichtbare Mauer zwischen sich und dem anderen auf.
● Ziehen Sie sich in der Vorstellung eine (bequeme) Ritterrüstung an.
● Denken Sie sich ein Tier aus, das dicht bei Ihnen steht und Sie beschützt. Lassen Sie nun die Person, in deren Anwesenheit Sie sich bisher schlecht gefühlt haben, in der Phantasie auf Sie zutreten. Sie fühlen sich durch die selbstgewählte Schutzstrategie ganz sicher und können ohne Beeinträchtigung handeln. Diese Übung können Sie auch erweitern. Legen Sie sich mit geschlossenen Augen ausgestreckt auf den Boden. Atmen Sie gleichmäßig, und verbinden Sie mit jedem bewußten Atemzug die Vorstellung, die einströmende Luft lege sich schützend über Ihr Herz und Ihre inneren Organe, während die ausströmende Luft Ihren Ballast aus Ihrem Körper befördere. Atmen Sie so lange, bis Sie sich völlig entspannt fühlen. Stellen Sie sich vor, Ihr Körper nehme an Volumen zu; werden Sie zu einem Ballon, den Ihr Atem mit Sicherheit, Stärke, Handlungsfähigkeit und Selbstvertrauen füllt.

13.5 Die symbolische Tröstung

Stellen Sie sich nun Ihre veränderungswilligen Emotionen Angst und Hilflosigkeit als Gestalten mit Empfindungsqualitäten vor. Jedes Gefühl hat eine Empfindungsqualität, die man beschreiben kann. Angst z. B. könnte dunkel, kalt, schwer und häßlich sein. Hilflosigkeit könnte sich gebückt, schwach und zittrig darstellen. Sehen Sie diese Gestalten deutlich vor sich. Entwickeln Sie dann

Mitgefühl mit diesen Phantasiewesen. Trösten Sie diese, und stellen Sie sich vor, daß die von Ihnen geschaffenen Problemgestalten nach dem erhaltenen Trost heller, freundlicher und fröhlicher werden. Treten Sie nun in Kontakt mit der von Ihnen erschaffenen Angst- und Hilflosigkeitsform. Machen Sie dieser irgendein Geschenk. Möglicherweise wünscht sich Ihre Hilflosigkeitsgestalt eine Blume und Ihre Angst ein Herz oder einen warmen Händedruck. Lösen Sie Ihre innere Verkrampfung durch diese kleine Phantasieübung auf, und befreunden Sie sich mit all jenen Persönlichkeitsanteilen, die Sie sowieso nicht verdrängen können.

13.6 Die Ich-kann-nicht-Person

Stellen Sie sich nun den Gedanken „Ich kann nicht" als lebendes Wesen vor. Wie groß wäre dieses Wesen? Würde es sich um ein Tier oder um einen Menschen handeln? Falls es sich um einen Menschen handelt, welche Kleidung würde er tragen und welche Körperhaltung einnehmen? Lassen Sie diesen Gedanken als Wesen personifiziert vor Ihren geschlossenen Augen immer deutlicher werden. Befehlen Sie der Personifikation Ihres Gedankens, sich umzudrehen, Ihren Wohn-, Arbeits- und Freizeitbereich zu verlassen und nicht mehr zurückzukommen. Bitten Sie diese Person abschließend darum, sich irgendwo an einen schönen Platz, an dem viel Licht und Sonne vorhanden ist, hinzubegeben.

Die Vorstellung von Licht und Wärme führt zu positiven inneren Assoziationen. Der Gedanke „ich kann nicht" gehört gewissermaßen zu Ihren „Schattengestalten", und wenn Sie diese Gestalt wieder in den Schatten zurückschicken, befehlen Sie Ihr – symbolisch betrachtet –, sich wieder in Ihrem Unterbewußtsein festzusetzen. Beenden Sie die Übung durch die Vorstellung, daß Sie mit Ihrem Atem Sonnenlicht aufnehmen und sich dieses heilend in Ihrem ganzen Körper ausbreiten kann. Jede Zelle Ihres Körpers kann sich daran erfrischen und sich reinigen. Denken Sie hierbei auch daran, daß die Sonne – obwohl sie so weit entfernt ist – Wärme spendet und somit zum Pflanzenwachstum beiträgt.

C. G. Jung sah in der Sonne ein Symbol, das die Quelle des Lebens repräsentiert und den Menschen zur Ganzheit führen kann.

13.7 Die Elternphantasie-Übung

Schließen Sie die Augen. Treten Sie einen Schritt zurück, und stellen Sie sich vor, in den Körper Ihrer Mutter (Ihres Vaters) hineinzuschlüpfen. Wie fühlt sich dieser Schritt für Sie an? Leicht und angenehm oder unangenehm und bedrohlich? Tauchen eher negative oder positive Gefühle auf? Nehmen Sie sich Zeit, die aufsteigenden Gefühle zu spüren. In welchen Situationen waren Ihre Eltern ängstlich und hilflos, kamen mit schwierigen Umständen nicht zurecht? Schreiben Sie in Ihrem Handlungstagebuch all das auf, was Ihnen einfällt. Überlegen Sie, welche Meinungen und Einstellungen Ihrer Eltern Sie bisher ungefragt übernommen und zu Ihren eigenen gemacht haben.

● Wie ist Ihre Mutter mit den Problemen des Lebens fertig geworden?
● Wie hat sie sich in schwierigen Situationen verhalten?
● Würden Sie die Lebenseinstellung Ihrer Mutter eher als Philosophie der Hilflosigkeit oder des Handelns bezeichnen?
● Hatte Ihre Mutter Selbstvertrauen? Hat sie sich selbst negativ oder positiv bewertet?

Schreiben Sie die Erfahrungen aus dieser Übung in Ihr Handlungstagebuch. Notieren Sie:

● angstbewirkende Überzeugungen, die Sie selbst haben;
● die angstbewirkenden Überzeugungen Ihrer Mutter;
● die angstbewirkenden Überzeugungen Ihres Vaters.

Treten Sie nun einen weiteren Schritt zurück, und schlüpfen Sie in Gedanken in den Körper der Großmutter (des Großvaters) hinein. Achten Sie auf die Gefühle, die jetzt auftauchen. Wie unterscheiden sich diese im Vergleich zum ersten Teil der Übung? Machen Sie diese Übung auch dann, wenn Sie Ihre Großmutter nicht mehr lebend kannten, und warten Sie ab, ob irgendwelche Gefühle und Assoziationen auftauchen. Beantworten Sie nun die gleichen Fragen wie oben. Greifen Sie sich nun die Überzeugung heraus, von der Sie sich am meisten beeinträchtigt fühlen. Streichen Sie sie mit Rotstift durch. Jedesmal, wenn Sie sich künftig bei einem Gedanken ertappen, der in Zusammenhang mit dieser Überzeugung steht, so stellen Sie sich vor, Sie hätten Ihren Rotstift dabei. Stellen Sie sich weiter vor, daß Sie diesen Satz durchstreichen und nun mit ganz großen Buchstaben quer darüber die Worte schreiben: „Ich lösche" oder „ich verändere". Ihr veränderter Gedanke sollte nur aus zwei Worten bestehen und mit „Ich" beginnen. Halten Sie den positiven Befehl, den Sie sich selbst erteilen möglichst kurz, damit Sie ihn sich besser einprägen können. Sie können diese (und auch jede andere) Übung intensivieren, wenn Sie die einzelnen Fragen und die Antworten dazu auf Kassettenrecorder sprechen.

13.8 Die Eisenbahn-Übung

Stellen Sie sich einen Eisenbahnzug vor. In jedem Abteil des Zuges sitzt einer Ihrer Angstgedanken. Wie viele Waggons hätte Ihr Zug jetzt? Damit Sie sich ein konkretes Bild über Ihre zahlreichen Angstgedanken machen können, sollten Sie eine Abbildung dieses Zuges aufmalen und in jedes Kästchen – das synonym für ein Zugabteil sein könnte – einen Angstgedanken hineinschreiben. Beispiel einer Abbildung:

| Ich werde versagen. | Ich werde zu stottern beginnen. | Die Ängste werden schlimmer. | Hoffentlich werde ich nicht rot |

Stellen Sie sich nun vor, dieser Zug fahre durch eine wunderschöne Landschaft. Malen Sie sich diese Landschaft in Gedanken ganz lebendig aus. Welche Jahreszeit ist es? Welche Zeit des Tages? Da dieser Zug ein Phantasiezug ist, biegen die Gleise sich plötzlich nach oben, und der Zug fährt wie auf einer Leiter hinauf zu den Wolken. Auf jeder Wolke befindet sich eine Haltestelle, einer Ihrer Angstgedanken steigt aus, und Sie winken ihm zu. Malen Sie nun einen zweiten Angstzug mit der gleichen Waggonanzahl in Ihr Handlungstagebuch. Überlegen Sie, welche Gedanken Sie in das nun leere Abteil hineinsetzen möchten. Formulieren Sie einen positiven Satz oder Worte wie „Freude", „Erfolg", „ich kann" ... usw. Hängen Sie dann in der Phantasie vor jedes Abteil ein Schild, auf dem „geheilt" steht. Das Abbild Ihres Phantasiezuges in Ihrem Handlungstagebuch wird Sie immer wieder daran erinnern, daß es neben Ihren Angstvorstellungen auch andere und hilfreichere Gedanken gibt. Wenn Sie diese Übung öfter ausprobieren, werden Sie feststellen, daß sich Ihre Angst und Hilflosigkeitsgedanken inhaltlich verändern. So wie Sie eine Zwiebel schälen und eine Schicht nach der anderen, Haut über Haut entfernen können, werden Sie mit Hilfe dieser Übung zu tiefer verborgenen Angstgedanken gelangen und auch Gedanken aufdekken, die sich negativ auf Ihre Allgemeinbefindlichkeit auswirkten, obwohl Sie deren Existenz bisher noch nicht bewußt wahrgenommen haben.

13.9 Die Seifenblasen-Übung

Schließen Sie Ihre Augen, und atmen Sie mehrmals langsam und regelmäßig ein und aus. Denken Sie an eine Angst- oder Hilflosigkeitssituation, die Sie kürzlich erlebt haben. Stellen Sie sich nun vor, diese Situation würde in Ihrer Phantasie zu einer Seifenblase. Pusten Sie diese fort, und sehen Sie ihr so lange in Ihrer Vorstellung nach, bis sie immer kleiner wird und schließlich am Horizont verschwindet. Wiederholen Sie diese Übung regelmäßig, und verwandeln Sie die unterschiedlichsten angstbesetzten Situationen in Seifenblasen. Sie können auch mehrere Seifenblasen auf einmal erschaffen. Diese Übung wirkt sich erleichternd aus, weil Sie vorübergehend Abstand zu Ihren Angst- und Hilflosigkeitsgefühlen gewinnen.

14. Selbsthilfeprogramm: Der Atem als Helfer

Im Verlaufe eines Angstanfalles – von dem ersten Anzeichen bis zu seinem Abklingen – spielt der Atem eine ganz wesentliche Rolle. Er steht in enger Wechselwirkung zu Ihrem Gefühlserleben. In der Entspannung wird Ihre Atmung regelmäßig und langsamer – und umgekehrt führt regelmäßiges, langsames Atmen zur Entspannung. Erregung beschleunigt den Atemfluß. „Falsches" Atmen kann zu einer Vielzahl von Störungen führen. Bei einem Angstanfall geschieht folgendes: Während Erregungsphasen atmen Sie – ohne es zu bemerken – viel zu schnell (Hyperventilation) und stören damit das chemische Verhältnis von Kohlendioxyd und Sauerstoff im Blut. Sie atmen zuviel CO_2 ab. Der Brustkorb verengt sich, das Zwerchfell wird nach oben gepreßt, und die Atemmuskulatur verkrampft sich. Der Atem verflacht, wird ungleichmäßig und stockend. Der Pulsschlag erhöht sich. Körperliche Symptome wie „weiche Knie" treten auf. Man fühlt sich zunehmend unwohl, was wiederum die Atemtätigkeit negativ beeinflußt: eine Teufelsspirale. Hyperventilationssymptomen der beschriebenen Art können Sie begegnen, indem Sie einige Male in eine Papier- oder Plastiktüte, die Sie sich über Mund und Nase stülpen, ein- und ausatmen. Die von Ihnen dann eingeatmete eigene CO_2-haltige Atemluft führt zu einem Anstieg des Kohlensäurespiegels im Blutplasma. Der gestörte Sauerstoffhaushalt kann sich so wieder regulieren. Sanftes Atemtraining kann Ihrer Neigung zu Hyperventilation vorbeugen helfen. Die Atmung ist willentlich beeinflußbar. Als der wichtigste Atemmuskel gilt das Zwerchfell, das eine willkürliche Steuerung des Atemgeschehens ermöglicht. Die nachfolgenden Übungen bewirken folgendes:

- Bewußtwerdung des Atmungsprozesses (wie achtsames und bewußtes Ausatmen als Ausgleichsbewegung gegen das angsttypische Anhalten der Luft);
- Korrektur falscher Atmung;
- Auflösung von Atemblockierungen (durch Einsatz der richtigen Atemtechnik kann sich der Körper regenerieren);
- positive Beeinflussung der seelischen Befindlichkeit durch den Atem.

NÜTZLICHE ANREGUNGEN:
Wie atmen Sie, wenn Sie sich Sorgen machen? Machen Sie einen Test! Stellen Sie sich eine furchterregende Situation vor, und beobachten Sie dabei Ihren Atem. Atmen Sie gleichmäßig oder eher ruckartig? Flach oder tief? Atmen Sie mehr Luft ein als aus? Sind sie kurz- oder langatmig?

14.1 Einige Atemübungen

Setzen Sie sich bequem und in aufrechter Haltung auf einen Stuhl. Schließen Sie die Augen, und achten Sie auf den Fluß Ihres Atems.

14.1.1 Der Kraftatem

Atmen Sie einige Male ruhig ein und aus. Denken Sie dann bei jedem Ausatmen das Wort „Vertrauen"! Führen Sie die Übung einige Minuten durch. Das gedachte Wort beruhigt Ihren Atemrhythmus und trägt zu Ihrer inneren Sammlung bei. Üben Sie so oft als möglich. Wenn Sie sich in einer Streßsituation befinden, atmen Sie zwei-, dreimal tief durch, und denken Sie beim Ausatmen das Wort „Vertraue!" Experimentieren Sie auch mit anderen Wörtern!

14.1.2 Der Ich-bin-Atem

Wandeln Sie nun die oben beschriebene Übung um, und denken Sie während des Einatmens an das Wort „Ich" und in der Ausatmungsphase an das Wort „ bin". Ihr Atem wird bei Einsatz dieser Technik tiefer und wirkt der oberflächlichen Angstatmung entgegen.

14.1.3 Die Angst-weg-Atmung

Probieren Sie diese Übung auch mit den Wörtern „Angst weg" oder „Angst weicht", wobei Sie an das Wort „Angst" denken, während Sie einatmen, und das Wort „weg/weicht" mit Ihrem Ausatmen verbinden. Die ausgeatmete Luft soll – symbolisch gesprochen – wie bei einer Reinigung all Ihre Ängste und Sorgen aus Ihrem Blutkreislauf hinaustragen.

14.1.4 Die Mund-zu-Technik

Beim Auftreten körperlicher Angstsymptome ist es besonders wichtig, nur durch die Nase ein- und auszuatmen. Die Nasenatmung aktiviert das Zwerchfell: Sie atmen voller, und der Organismus beruhigt sich. Sie können auch die flache Hand auf den Mund legen und so lange bewußt durch die Nase ein- und ausatmen, bis die körperlichen Symptome verschwunden sind.

14.1.5 Der Entspannungsatem

Atmen Sie langsam ein und aus. Richten Sie Ihre besondere Aufmerksamkeit auf das Ausatmen. Legen Sie nach dem Ausatmen jeweils ganz bewußt eine kleine Pause ein. Führen Sie diese Übung mindestens fünf Minuten lang durch. Lassen Sie Ihren Atem ganz von selbst kommen und gehen.

14.1.6 Die Hör-dich-atmen-Übung

Hören Sie sich selbst beim Ausatmen zu! Verwenden Sie einen H-Laut oder einen Vokal. Solche Vokalatmung wirkt lockernd und wirkt sich regenerierend auf die inneren Organe aus.

14.1.7 Die Ein-und-aus-Technik

Dies ist eine ebenso einfache wie beruhigende Übung, die Sie überall durchführen können. Sagen Sie sich, während Sie atmen: „ein und aus, ein und aus, ein und aus ..." Sie werden über kurz oder lang ruhiger und tiefer zu atmen beginnen. Das „Lebenselixier" Sauerstoff wird Ihnen durch diese Übung deutlich spürbar werden. Allein das ruhige Geschehen-Lassen Ihres Atems kann zu einer wesentlichen Minderung Ihrer Anspannung führen.

14.1.8 Die Wellenatmung

Der Atem geschieht wie das Heranbranden der Wellen, die kommen und wieder gehen. Schließen Sie die Augen, und stellen Sie sich beim Einatmen vor, von einer Welle hochgetragen zu werden und beim Ausatmen mit derselben Welle wieder hinabzusinken. Entspannen Sie sich mit Hilfe dieser Übung. Lassen Sie sich tragen von den Wellen Ihres Atems.

14.1.9 Die Atemzüge zählen

Suchen Sie sich einen Ort, an dem Sie zehn Minuten lang ungestört atmen können. Setzen Sie sich mit geschlossenen Augen auf ein Kissen oder auf den Boden, und kreuzen Sie die Beine. Halten Sie Ihren Oberkörper aufrecht. Legen Sie die Hände mit den Handflächen aneinander. Atmen Sie nun gleichmäßig durch die Nase (mit geschlossenem Mund), und zählen Sie jedem Atemzug mit. Ausatmen „eins". Einatmen „und", Ausatmen „Zwei", Einatmen „und" … Wenn Sie bei zehn angekommen sind, zählen Sie wieder bis eins herunter. Diese Übung dient einerseits der Gewöhnung an einen gleichmäßigen Atemrhythmus und soll zudem der Förderung Ihrer Konzentrationsfähigkeit dienen. Störende Gedanken, die womöglich bei dieser Übung auftauchen, werden einfach wahrgenommen – unterbrechen aber nicht den Fluß und Rhythmus des Atems.

14.1.10 Die Schnüffel-Übung

Atmen Sie entweder in freier Natur oder vor einem offenen Fenster „schnüffelnd" ein wie ein Hund, der eine Witterung aufgenommen hat. Atmen Sie normal aus und wieder „schnüffelnd" ein. Diese Übung fördert die Bauchatmung und bewirkt zudem, daß Sie nicht so schnell müde werden. Sie setzt enorme Energie frei.

14.1.11 Die Riechübung

Pflanzliche Duftstoffe und ätherische Öle (Aromatherapie) beruhigen und vermögen Ängste zu lösen. Sie beeinflussen die Atmung und somit auch das Gefühlserleben. Öle wie Neroli oder Lavendel wirken nachweislich angstlösend. Besorgen Sie sich ein Aromaöl Ihres Geschmackes, und tragen Sie es immer bei sich. Wenn Sie Unruhe, Angst oder Hilflosigkeit aufkeimen spüren, nehmen Sie Ihr Fläschchen zur Hand, und riechen Sie daran. Sie unterbrechen so den Angstkreislauf und ermöglichen zudem der Essenz, ihre angstlösende Wirkung zu entfalten.

14.1.12 Die Gähn-Übung

Das Gähnen ist eine rein reflektorische Atembewegung. Es führt zu einem Ausgleich des Kohlendioxyd- und Sauerstoffverhältnisses im Blut und wirkt daher organismisch entspannend. Machen

Sie absichtliche Gähnversuche. Sie werden bemerken, wie sich Verspannungen und Verkrampfungen lösen.

14.1.13 Die Schaukelübung

Stellen Sie sich einen schönen Sommertag vor. Sie sitzen auf einer Schaukel und bewegen sich langsam schwingend vor und zurück. Atmen Sie beim Rückschwung ein, während Sie beim Nach-vorne-Schwingen ausatmen.

14.1.14 Die Seufzer-Übung

Seufzen Sie einmal ganz bewußt und absichtlich! Versuchen Sie es so tief und ausgiebig wie irgend möglich. Verschaffen Sie sich so Erleichterung. Lassen Sie mit Ihrem Seufzer all das aus sich herausströmen, was Sie hilflos und bedrückt macht.

14.1.15 Die Mutter-Erde-Technik

Legen Sie sich bequem auf den Boden. Schließen Sie die Augen, und stellen Sie sich vor, mit jedem Zug des Einatmens Kraft und Energie aus der Erde aufzunehmen. Stellen Sie sich Ihren Körper ganz gesund vor und Ihre Umgebung als belebend und natürlich. Spüren Sie die tragende Kraft der Erde.

14.1.16 Die Energie-Übung

Wenn Sie sich verkrampft und hilflos fühlen, entspannen Sie sich, indem Sie Ihren Atem mit folgenden Vorstellungen verbinden:

● Atmen Sie Vertrauen und Ruhe ein.
● Lassen Sie Ihr Inneres mit jedem Atemzug heller und leuchtender werden.

- Werden Sie mit jedem Einatmen kraft- und energievoller.
- Stellen Sie sich vor, Sie seien am Meer. Mit jedem Atemzug fließt Frische und Entspannung in Sie ein.

Denken Sie immer daran, daß verstärktes Einatmen Anspannung, Unsicherheit und Verkrampfung fördert, während das tiefe Ausatmen entspannt, lockert und beruhigt. Das zu kurze Ausatmen fördert die Ablagerung von Stoffwechselschlacken im Körper.

14.2 Der Einsatz von Entspannungsübungen

Angst und Hilflosigkeit ist stets von körperlich-motorischen Erscheinungen begleitet. Psychische Anspannung und Erregung führt allemal zu Muskelverspannungen und Verkrampfungen. Umgekehrt sind Emotionen – vor allem der Angst – direkt beeinflußbar durch Muskelentspannung. Mit Hilfe körperlicher Entspannungsübungen können Sie Ihren Gefühlen von Angst und Hilflosigkeit aktiv entgegenwirken. Sie sollten diese Übungen allerdings erst einmal im ruhigen und angstfreien Zustand ausprobieren, bevor Sie sie in schwierigeren Situationen einsetzen.

Bei Entspannungsübungen ist immer folgendes zu beachten: Setzen Sie sich bequem auf einen Stuhl. Stellen Sie Ihre Füße mit etwas Abstand nebeneinander flach auf den Boden. Lassen Sie Ihre Hände entweder locker an den Seiten herabhängen oder legen Sie sie in den Schoß. Achten Sie darauf, den Rücken gerade zu halten, sitzen Sie nicht zu steif da. Sehen Sie zu, daß nichts Sie ablenken kann (stellen Sie das Telefon leise, und sorgen Sie dafür, daß niemand überraschend ins Zimmer kommen kann). Die Beleuchtung sollte angenehm und nicht zu hell sein. Untertags können Sie die Vorhänge zuziehen. Entspannung gelingt besser in einem etwas abgedunkelten Raum. (Sie können sich bei dieser Übung auch auf den Boden legen. Winkeln Sie Ihre Knie etwas an, so daß Ihre Fußsohlen flach auf dem Boden liegen. Legen Sie Ihre Hände locker neben das Gesäß.)

Die besten Erfolge erzielen Sie, wenn Sie täglich üben.

NÜTZLICHE ANREGUNGEN:

● Sprechen Sie die Anweisungen für Ihre Entspannungsübungen auf Kassettenrecorder. Experimentieren Sie mit Ihrer Stimme. Verleihen Sie ihr einen beruhigenden und entspannenden Ton. Falls Sie keinen Recorder haben, sprechen Sie sich die Anweisungen erst langsam vor, ehe Sie sie praktisch üben.

● Führen Sie Ihre Entspannungsübungen nicht im Bett durch, da Sie dort womöglich einschlafen.

Die nachfolgenden Übungen können Sie überall durchführen. Sie dauern nur wenige Minuten. Wiederholen Sie diese kurzen Übungen häufig. Lernen Sie dadurch loszulassen.

14.2.1 Die Magenmassage-Übung

Beginnen Sie, mit den Fingerspitzen den Bereich um Ihren Nabel herum mit kreisenden Bewegungen zu massieren. Spüren Sie, wie angenehm und wohltuend das ist. Legen Sie dann die rechte Hand auf Ihr Herz. Achten Sie darauf, tief und gleichmäßig ein- und auszuatmen.

14.2.2 Die Ellenbogen-Übung

Setzen Sie sich bequem vor einen Tisch. Stützen Sie nun die Ellenbogen auf die Tischkante. Massieren Sie sich zuerst die Stirn und die Kopfhaut. Konzentrieren Sie sich ganz auf Ihre Fingerspitzen. Schließen Sie dann die Augen, und erspüren Sie mit den Fingerspitzen den Puls an Ihren Schläfen. Lassen Sie dabei den Atem wie von selbst ein- und ausströmen.

14.2.3 Die Hand-Entspannung

Ballen Sie Ihre rechte Hand zu einer Faust, und drücken Sie sie fest zusammen. Spüren Sie die Spannung in Ihrer Faust bis herauf in den Unterarm. Halten Sie diese Spannung unverändert für sieben Sekunden (zählen Sie von sieben bis eins herunter), und lassen Sie dann los. Achten Sie auf das wohlige Gefühl der Entspannung. Führen Sie die gleiche Übung auch mit der linken Hand durch.

14.2.4 Die Glas-Wasser-Technik

Spritzen Sie sich bei Anspannung und Nervosität vor einer schwierigen Situation kühles Wasser in das Gesicht, oder trinken Sie zügig ein Glas nicht zu kaltes Wasser.

14.2.5 Die Pulsübung

Messen Sie dreißig Sekunden lang Ihren Puls (Halsschlagader oder Handgelenk). Üben Sie das Pulsfühlen einige Male, so daß Sie die richtige Stelle gleich ertasten können. Stellen Sie Ihren Puls mit Hilfe einer Stoppuhr in verschiedenen Situationen fest. (Meßgrundlage stets dreißig Sekunden). Notieren Sie die erhaltenen Pulswerte. Messen Sie Ihren Puls:

- In Normalstellung (entspannt),
- nach Bewegung (wie Treppensteigen, Seilhüpfen, Auf-der-Stelle-Laufen),
- während Sie ein schönes Landschaftsbild ansehen,
- während Sie an eine geliebte Person denken,
- während Sie an eine für Sie typische Angstsituation denken,
- während Sie an ein Ereignis denken, das Sie als schwierig bewerten und das nächste Woche auf Sie zukommen wird.

Lassen Sie Ihren Puls zwischen den Messungen immer wieder auf „normal" kommen. Bemerken Sie irgendwelche Unterschiede? Gibt es Vorstellungen und Gedanken, die den Pulsschlag beschleunigen, und andere, die zu einer Beruhigung oder gar Verlangsamung des Pulses führen? Notieren Sie Ihre Erfahrungen in Ihrem Handlungstagebuch. Denken Sie daran, daß Ihr Körper seine inneren Abläufe selbst reguliert. Sie brauchen nicht einzugreifen. Der Körper tut es für Sie – und doch können Sie auch Einfluß auf die körpereigenen Prozesse nehmen. Sie können allein durch Gedanken Ihren Pulsschlag erhöhen oder senken.

14.2.6 Lassen Sie sich tragen

Stellen Sie sich vor Beginn der Übung einen Wecker (zehn Minuten). Legen Sie sich flach auf den Boden, und entspannen Sie sich, während Sie sich vorstellen, daß Ihr Körper in den Boden einsinkt und dabei immer schwerer und schwerer wird. Spüren Sie, wie angenehm es ist, sich ganz hinzugeben, sich vom Boden tragen zu lassen. Bleiben Sie nach dem Ertönen des Weckers noch eine Weile liegen. Ballen Sie dann Ihre Hände ein paarmal zu Fäusten, und kommen Sie langsam in die „Realität" zurück.

14.2.7 Holen Sie die blaue Farbe aus der Erde

Setzen Sie sich bequem auf einen Stuhl. Achten Sie darauf, daß beide Fußsohlen fest auf dem Boden stehen. Schließen Sie die Augen, und stellen Sie sich vor, durch Ihre Füße sögen Sie die Farbe Blau aus der Erde empor, nach oben bis in die Mitte Ihres Leibes. Von dort kann das Blau beruhigend und kräftigend nach überallhin ausstrahlen.

14.2.8 Die Augenmuskulatur-Übung

Halten Sie Ihren Kopf gerade. Richten Sie nun Ihren Blick extrem nach links außen. Behalten Sie diese Stellung fünf Sekunden lang bei. Führen Sie die gleiche Übung mit dem rechten Auge durch. Schließen Sie dann die Augen. Drücken Sie die Lider fest zusammen. Probieren Sie diese Übung ruhig auch einmal aus, wenn Sie Kopfschmerzen haben. Womöglich trägt sie zu einer Linderung bei.

14.2.9 Die Augenabdeck-Übung

Diese Übung ist besonders wohltuend und entspannend, weil Sie Außenreize unmittelbar abschalten können. Halten Sie die geschlossenen Augen mit den Handflächen zu. Stellen Sie sich dabei vor, angenehme Wärme und Ruhe breite sich in Ihren Augen aus. Führen Sie diese Übung beliebig lange durch. Sie können auch Ihre Ellenbogen auf einem Tisch aufstützen. Das Abdecken der Augen kann auch mit einem inneren Bild verbunden werden (etwa einem wunderschönen Raum). Führen Sie diese Übung gerade auch in angsterregenden Situationen durch.
Noch einige Tips:

● Halten Sie die Hände locker und entspannt!
● Pressen Sie nicht gegen die Augen! Erzeugen Sie keinen Druck!
● Legen Sie Ihre Handflächen so an, daß Ihre Augen völlig abgedunkelt sind!
● Sie können sich während der „Abdeckübung" einen Affirmationssatz sagen (wie „ich beruhige mich mehr und mehr") oder sich ein beruhigendes Bild vorstellen.

14.3 Lockerungsübungen für den Unterkiefer

Bei einem Angstanfall verkrampft vor allem auch die Gesichtsmuskulatur. Die Zähne werden zusammengebissen, der Unterkiefer verhärtet sich. Achten Sie darauf, wie oft und in welchen Situationen Sie die Zähne zusammenbeißen.

● Lassen Sie den Unterkiefer leicht hängen. Schieben Sie ihn vor und zurück, auf und ab, auch im Kreise, bis Sie eine Lockerung verspüren können.
● Massieren Sie den Bereich des Unterkiefers bis hinauf zu den Ohren. Ertasten Sie sich die Muskeln um Ihren Mund herum, und kneten Sie sie sanft.
● Bilden Sie mit dem Mund ein großes offenes O. Machen Sie ruhig auch ein Geräusch dazu. Pressen Sie dann Ihre Lippen fest aufeinander, als hätten Sie in eine Zitrone gebissen.
● Gähnen Sie absichtlich lange und ausgiebig.

15. Selbsthilfeprogramm: Die Haltung als Helfer

15.1 Die Körperhaltung beeinflußt Ihre Gefühle

Bei Streß reagiert das vegetative Nervensystem. Der Organismus erhält den Befehl, sich für Kampf oder Flucht bereit zu machen. Die Muskelspannung erhöht sich. Wenn nun keine tatsächliche Bewegung erfolgt, bleiben die Muskeln in ihrer Anspannung. Ist dies häufig der Fall, ergeben sich chronische Verspannungen. Es gilt, solch muskuläre Spannungen mittels gezielter Haltungs- und Körperübungen abzubauen. Diese Übungen bewirken überdies

- Unterbrechung zwanghaft sich wiederholender Gedanken,
- Einleitung und Vertiefung psychischer Entspannungsprozesse,
- Korrektur angstbegünstigender Körperhaltung,
- Anregung der Endorphinausschüttung („Glückshormon"),
- Steigerung Ihres Selbstwertgefühls,
- Rückgewinnung verlorener Körperkontrolle,
- Aktivierung des Stoffwechsels und damit Beeinflussung überschüssiger Adrenalinausschüttung,
- vermehrte Sauerstoffzufuhr, die sich positiv auf Konzentrations- und Leistungsfähigkeit auswirkt,
- herabgesetzte Cholesterolwerte,
- Senkung des Blutdrucks.

Die nachfolgenden Körperübungen können Sie jederzeit und überall durchführen. Viele dieser Übungen erscheinen recht einfach. Sie haben jedoch große Wirkung auf den gesamten Organismus. Nicht nur der Körper wird beeinflußt, sie wirken auch auf die Psyche und den Fluß der Gedanken. Körper, Geist und Seele wirken ineinander und aufeinander ein. Festgefahrene gedankliche Einstellungen und negative Gefühle lassen sich durch Umgestaltung Ihrer körperlichen Bewegungsabläufe verändern. Erleben Sie, daß der „Grund, auf dem Sie stehen", sicher ist. Entwickeln Sie wieder Vertrauen in Ihre Stützelemente (Muskeln, Arme, Beine). Aktives Handeln ist das einzige Mittel gegen die Starre der Angst. Angstverspannungen zeigen sich besonders

- im Kopfbereich,
- im Nacken, Schulter- und Oberarmbereich,
- im Beinbereich.

Die folgenden Übungen machen Ihre Muskeln und Gelenke wieder beweglicher und bewirken eine freiere Atmung. Entwickeln Sie Ihre Bewegungsmöglichkeiten, so daß Sie auch in Krisenfällen spontan handeln können. Eine bewußte Veränderung Ihrer Körperhaltung führt immer auch zu gedanklichen und gefühlsmäßigen Veränderungen!

15.1.1 Die Körperberührungs-Übung

Setzen Sie sich auf einen Stuhl. Halten Sie die Augen offen. Berühren Sie mit einer Hand Ihren Körper. Beginnen Sie bei Ihrem Bauchnabel, und tasten Sie sich bis zum Gesicht und Kopf nach oben. Befühlen Sie jeden Teil, und massieren Sie ihn sanft. Sammeln Sie Ihre Aufmerksamkeit genau in den Körperteil, den Sie gerade berühren. Tasten Sie auch vom Bauchnabel abwärts zum Unterleib. Notieren Sie anschließend Ihre Erfahrungen in Ihrem Handlungstagebuch. Welche Gefühle und Gedanken traten auf? Welcher Körperteil fühlte sich bei der Berührung angenehm an, welcher weniger? Lernen Sie Ihren Körper kennen. Lernen Sie, daß er nicht nur mit Panik oder hilfloser Überreaktion reagiert, sondern seine volle Empfindungsfähigkeit bewahrt hat.

15.1.2 Die Königs- beziehungsweise Königinnen-Übung

Stellen Sie sich jeden Morgen beim Aufstehen vor, Sie seien eine Königin (bzw. ein König). Wählen Sie in Gedanken die Kleidung aus, die Ihnen der Diener anziehen wird. Setzen Sie sich in Gedanken – nachdem Sie sich prunkvoll haben ankleiden lassen – eine Krone auf. Behalten Sie diese Vorstellung bei, etwa während Sie duschen oder sich an den Frühstückstisch setzen. Gehen Sie aufrecht und würdevoll. Halten Sie den Kopf gehoben, da sonst ja die Krone herunterfallen könnte. Bewegen Sie sich ruhig und gleichmäßig.

15.1.3 Die Dehnübung

Legen Sie sich auf den Boden, und strecken Sie sich. Stellen Sie sich vor, Ihr Körper bestehe aus einem dehnbaren Material, das sich sowohl in die Länge als auch in die Breite ausweiten läßt. Konzentrieren Sie sich nun auf Ihre Arme. Lassen Sie sie langsam auf doppelte Länge anwachsen. Wiederholen Sie das gleiche mit den Beinen. Lassen Sie auch Ihren Oberkörper von den Hüften an aufwärts in die Länge wachsen. Die Dehnübung bildet einen Gegenpol zu den kleinmachenden Gefühlen von Angst- und Hilflosigkeit. In Krisensituationen verkleinern Sie sich buchstäblich, ducken sich oder ziehen Ihren Kopf ein. Der Hals wird verkürzt, und die Schultern werden nach oben gezogen. Der Oberkörper steht nicht mehr aufrecht, sondern gebückt, und die Arme werden angezogen und angespannt. Wenn er nicht aktiv entspannt wird, kann der Körper in dieser Haltung erstarren (die sprichwörtliche „Angststarre"). Wirken Sie diesem Kleinmachen bewußt entgegen!

15.2 Beinstärkungsübungen

Kennen Sie das Gefühl, daß die Knie „weich" und zittrig werden und Sie befürchten, Sie könnten versagen? Beinstärkungsübungen schaffen hier konkrete Abhilfe.
- Legen Sie sich auf den Rücken, und stemmen Sie, so kräftig Sie können, mit den Beinen gegen die Wand.
- Gehen Sie stampfend durch das Zimmer (oder Ihren Keller), und spüren Sie die Kraft in Ihren Beinen.

179

● Schütteln Sie hin und wieder zur Auflockerung Ihre Beine aus.

15.2.1 Die beinstärkende Eimerübung

Diese Übung müssen Sie entsprechend vorbereiten. Lassen Sie einen Eimer mit angenehm warmem Wasser ein. Fügen Sie dem Wasser eine Badeessenz zu, so daß Sie ein Fußbad nehmen können. Setzen Sie sich in aufrechter Haltung auf einen Stuhl ohne Lehne, und lassen Sie die Arme seitlich nach unten fallen. Stellen Sie Ihre Beine in das Wasser. Erinnern Sie sich nun an eine Situation, in der Sie Kraft und Stärke in Ihren Beinen gespürt haben (vielleicht bei einer Wanderung oder einer Turnübung?). Stellen Sie sich nun vor, Ihre Beine würden durch das Bad auf „magische" Weise gekräftigt und gestärkt. Nehmen Sie nach ausreichender Badezeit die Beine wieder aus dem Eimer heraus. Spüren Sie die Kraft und Energie, die Ihre Beine durchströmt? Mit völlig neuem Gefühl werden Sie auf dem Boden stehen. Sie können diese Übung auch mit einem „geistigen Eimer" durchführen. Es handelt sich allemal um ein Ritual, das ähnlich einer Selbsthypnose Ihre Beine kräftigt.

15.2.2 Die Beinentspannung

Setzen Sie sich auf einen Stuhl. Strecken Sie die Beine waagrecht aus, und spannen Sie die Oberschenkelmuskulatur so stark wie möglich an. Halten Sie die Spannung für mindestens sieben Sekunden. Lassen Sie dann die Beine wieder sinken, und spüren Sie, wie die Entspannung sich ausbreitet.

15.3 Nacken- und Schulterübungen

Die vielbeklagte „Last auf den Schultern" ist die Summe Ihrer Erfahrungen von Angst und Hilflosigkeit, durch die Sie sich niedergedrückt fühlen. Übungen zur Lockerung des Schulterbereichs können bewirken, daß langjährig angestaute Verspannungen gelöst werden.

- Ziehen Sie Ihre Schultern so zurück, daß Sie sich fast berühren.
- Drehen Sie Ihren Hals langsam hin und her. Dehnen Sie dadurch die Muskeln im Nackenbereich.
- Lassen Sie Ihren Kopf langsam in den Nacken zurücksinken. Halten Sie dabei den Mund geschlossen.
- Bewegen Sie einen Besenstiel über Ihrem Kopf langsam von oben nach unten und wieder nach oben. Bemerken Sie die Anspannung in Ihrer Oberarmmuskulatur?

15.3.1 Die Nackenmassage

Verkrampfungen im Nackenbereich lassen sich lösen, wenn Sie mit den Fingerspitzen unterhalb der Ohren kreisende Bewegungen durchführen. Beruhigend wirkt sich auch aus, wenn Sie sich mit hohlen Handflächen die Schläfen halten.

15.4 Übungen für den Kopfbereich

Die Kopfhaltung ist entscheidend für die gesamte Körperhaltung. Entspannungsübungen für den Kopfbereich:

- Drehen Sie den Kopf ganz langsam von rechts nach links und zurück. Trainieren Sie Ihre Beweglichkeit, und verbessern Sie zunehmend den Bewegungsradius.
- Lehnen Sie langsam und vorsichtig den Kopf so weit wie möglich zurück. Sie werden spüren, wann es genug ist. Bewegen Sie den Kopf dann genauso langsam wieder nach vorne in die normale Position.
- Legen Sie sich auf den Rücken, und rollen Sie den Kopf so langsam wie möglich von rechts nach links und zurück.

Beachten Sie stets folgendes:

a) Beginnen Sie jede Übung mit dem Ausatmen.
b) Atmen Sie bei anstrengenden Teilen einer Übung immer aus.
c) Betonen Sie grundsätzlich das Ausatmen.

Zeit zum Üben finden Sie überall! Einige Übungen können Sie durchaus an der Bushaltestelle oder beim Fernsehen durchführen. Wenn Sie regelmäßig üben, werden Sie allmählich wieder Kontrolle über die körpereigenen Prozesse gewinnen. Hier wurden nur Beispiele angegeben, um Ihnen den Einstieg in ein körperliches Bewegungsprogramm zu erleichtern. In jedem guten Gymnastikbuch finden Sie eine Vielzahl sinnvoller Übungen. Praktisches Ausprobieren ist immer der beste Weg. Belegen Sie womöglich einen Gymnastikkurs (z. B. VHS). Treten Sie Ihren Gefühlen von Angst und Hilflosigkeit aktiv handelnd entgegen.

16. Abschließende Bemerkungen

Sie sind Schauspieler/in auf der Bühne Ihres Lebens. In der Aufführung Ihrer Geschichte haben Sie viele Rollen und Funktionen gleichzeitig inne. Sie sind Drehbuchautor/in, Regisseur/in, zugleich auch Dramaturg/in und Darsteller/in. Ihre Rollen erfordern große Flexibilität und Phantasiereichtum. Sie sind häufig gezwungen zu improvisieren, sich neuen Anforderungen zu stellen, die nicht im Drehbuch stehen. Das hier vorgestellte Übungsrepertoire soll Ihnen hierzu Hilfe sein. Es bietet viele Anregungen, mit Ihren Gefühlen von Angst und Hilflosigkeit anders umzugehen als bisher. Es soll Ihnen helfen, durch aktives Tätigwerden zu mehr Kraft und Selbstvertrauen zu finden. Ein einmaliges Durcharbeiten des Buches genügt vielleicht nicht. Sie werden immer wieder in Situationen kommen, in denen Sie sich körperlich und emotional schwach fühlen und die alten „Angst- und Hilflosigkeitsdämonen" zu neuem Leben erwachen. Spätestens dann ist es an der Zeit, dieses Buch wieder zur Hand zu nehmen.

16.1 Denken Sie über Ihre Erfolge nach!

Haben Sie – seit Sie mit diesem Programm arbeiten – etwas hinzugelernt? Welche Veränderungen haben sich bei Ihnen eingestellt? Prüfen Sie mit Hilfe der folgenden Fragen, ob sich Erfolge eingestellt haben:
● Treten Gefühle von Angst und Hilflosigkeit jetzt seltener auf?
● Erinnern Sie sich inzwischen in angstbesetzten Situationen an einzelne Übungen? Setzen Sie sie aktiv ein?

- Haben Sie herausgefunden, mit welchen Übungen Sie die besten Erfolge erzielen?
- In welchen Situationen finden Sie sich jetzt schon besser zurecht? An welchen Themen möchten Sie noch weiterarbeiten?
- Hat Ihre Umgebung eine Veränderung an Ihnen bemerkt?

Bedenken Sie, daß die Selbsthilfe Zeit benötigt! Arbeit an der Angst ist ein innerlich verlaufender Prozeß. Sie sind kein Auto, das man nach Gebrauchsanweisung reparieren kann. Sie sind ein Mensch, der gefühlsmäßig erst in neue Aufgaben hineinwachsen muß. Akzeptieren sie, daß Veränderung nur in langsamen Schritten geschieht!

16.2 Das Angstverteilungsrad

Malen Sie in Ihr Handlungstagebuch einen Kreis, und unterteilen Sie ihn in verschiedene Segmente. Jedes Segment soll eine für Sie typische Angstsituation enthalten. Malen Sie daneben einen anderen Kreis, Ihr „Handlungsverteilungsrad", das Sie in die gleiche Anzahl von Segmenten einteilen. Überlegen Sie sich nun, durch welche Selbsthilfemöglichkeiten (Übungen) Sie das jeweilige Angstsegment heilen bzw. „bearbeiten" können.

16.3 Legen Sie sich einen Notfallkoffer an

In Ihrem „Notfallkoffer" soll sich all das befinden, was für Sie in einer realen Angstsituation hilfreich sein könnte. Sie packen Ihren Notfallkoffer selbst! Er soll Sie überallhin begleiten und all die Ideen, Gegenstände, Notizen enthalten, die Sie brauchen. In Ihrem Notfallkoffer könnten z. B. Ihre Affirmationssätze bereitliegen oder einige – in Kleinformat abgeschriebene – Übungen. Er könnte aber auch ganz konkrete Dinge enthalten, wie etwa ein Riechfläschchen (Aromaöl), das Sie verwenden können, wenn Sie Angst überkommt. Einige Beispiele von Klienten:
- Anita, die sich schrittweise wieder an das S-Bahn-Fahren gewöhnt, hat immer irgendeine Zeitschrift dabei, um – sollten

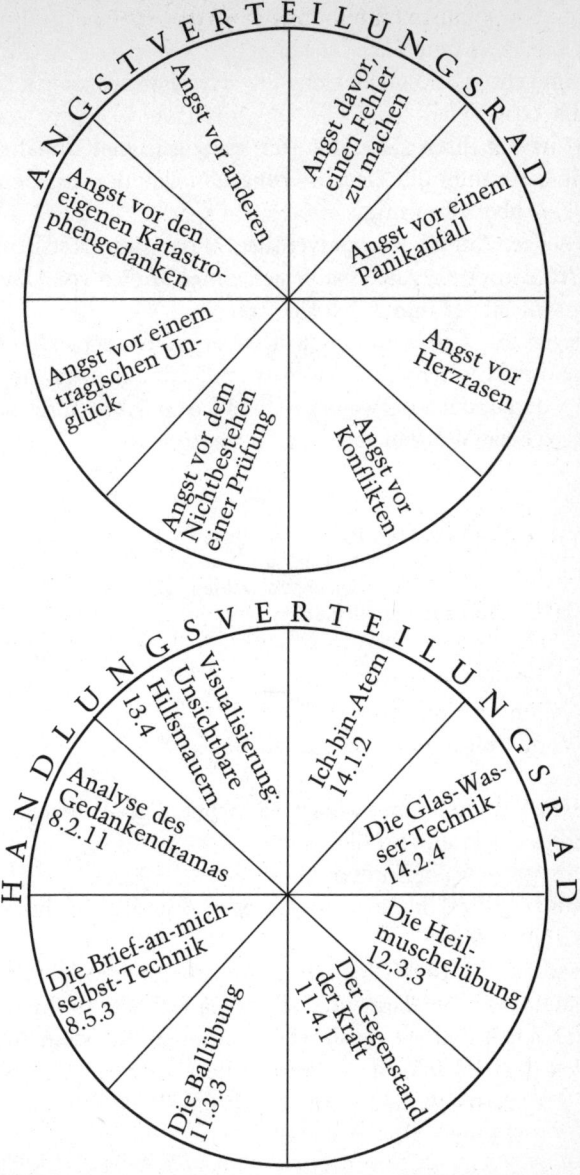

ANGSTVERTEILUNGSRAD

Angst vor anderen

Angst davor, einen Fehler zu machen

Angst vor den eigenen Katastrophengedanken

Angst vor einem Panikanfall

Angst vor einem tragischen Unglück

Angst vor Herzrasen

Angst vor dem Nichtbestehen einer Prüfung

Angst vor Konflikten

HANDLUNGSVERTEILUNGSRAD

Visualisierung: Unsichtbare Hilfsmauern 13.4

Ich-bin-Atem 14.1.2

Analyse des Gedankendramas 8.2.11

Die Glas-Wasser-Technik 14.2.4

Die Brief-an-mich-selbst-Technik 8.5.3

Die Heilmuschelübung 12.3.3

Die Ballübung 11.3.3

Der Gegenstand der Kraft 11.4.1

185

die unangenehmen Empfindungen wieder auftreten – ihre Aufmerksamkeit umlenken zu können.

- Karin geht nicht mehr ohne ihr Handlungstagebuch außer Haus.
- Barbara hat ihren „Notfallkoffer" mit „geistigen" Inhalten gefüllt. Sie nimmt die Visualisierungsübungen des „inneren Ratgebers" überallhin mit.
- Bernd, der Angst vor Hyperventilation hat, führt stets seine Papiertüte mit sich. Auch hat er sich einige Kopien von Übungen gemacht, die er immer bei sich trägt.

Überlegen Sie, was in Ihrem „Koffer" enthalten sein könnte. Es empfiehlt sich, mehreres „zur Auswahl" hineinzupacken! Denken Sie daran, die ausgewählten Übungen in Schriftform und in Ihrem eigenen Wortlaut bei sich zu tragen.

> In jeder Krise liegt die Chance der Wiedergeburt,
> die Chance, sich selbst als Individuum neu zu erkennen
> und die Veränderung zu wählen, die uns zum Wachstum
> und zur Vervollständigung verhilft.
>
> Nena O'Neill

16.4 Vom Umgang mit Rückfällen

Rückfälle können immer wieder geschehen: Die Wahrscheinlichkeit eines Rückfalles erhöht sich,

- wenn Sie sich überfordern,
- wenn Sie Ihre Übungen nur unregelmäßig durchführen oder ganz einstellen.

Nehmen Sie bei Rückfällen schnellstmöglich dieses Buch wieder zur Hand. Lesen Sie darin, so daß Sie den Kontakt zu Ihrem handelnden Ich-Anteil wiederaufnehmen können. In jedem Problem ist auch die Möglichkeit zur Selbsthilfe verborgen. Ersetzen Sie das Wort „Problem" hinkünftig durch das Wort „Lernaufgabe".

Lernen Sie aus Ihrem „Rückfall".

16.5 Das Übungsprotokoll

Kopieren Sie sich den Übungsbogen (umseitig). Er soll Ihrer persönlichen Kontrolle dienen. Der Übungsberichtbogen soll erfassen, welche Übungen Sie durchführen, und Sie dazu ermutigen, Ihren Angstbewältigungsprozeß zu protokollieren. Durch Selbstbeobachtung können Sie die fruchtbarsten Übungen herausfinden. In die Spalte mit der Prozentzahl tragen Sie bitte Ihre jeweiligen Übungserfolge aus subjektiver Sicht ein, wobei 0 Prozent gleichbedeutend mit überhaupt kein Erfolg sein soll und 100 Prozent den größtmöglichen Erfolg symbolisiert. Finden Sie Ihre persönlichen Abstufungen! Die Verwendung Ihres wöchentlichen Berichtsprotokolls zeigt Ihnen Erfolge (Prozentzahl) und somit – langfristig gesehen – Veränderungen auf. Lassen Sie diese Protokolle zu Ihrer wöchentlichen Gewohnheit werden!

Wöchentlicher Übungsbericht

Affirmationen: . . . .
. . . .

Durchführung von Übungen:	MO	%	DI	%	MI	%	DO	%	FR	%	SA	%	SO	%
Welche Übungen wurden mit Erfolg (Angabe in %) durchgeführt:														
Papier- und Bleistift-Übungen														
Bejahungsübungen														
Sprachliche Übungen														
Atemübungen														
Haltungsübungen														
Visualisierungsübungen														
„Inneres Kind"- Übungen														
Entspannungsübungen														
Ablenkungsübungen														
Hier- und Jetzt-Übungen														
Wahrnehmungsübungen														
Kreativitätsübungen														
Sonstiges														

Mein Notfallkoffer ist diese Woche vollgepackt mit:
. . . .
. . . .
. . . .

Autobiographie in fünf Kapiteln

1. Ich gehe die Straße entlang.
Im Bürgersteig ist ein tiefes Loch.
Ich falle hinein.
Ich bin verloren ... bin hilflos.
Es ist nicht meine Schuld,
dort hineingefallen zu sein.
Ich brauche sehr lange, um den Weg
nach draußen wieder zu finden.

2. Ich gehe dieselbe Straße entlang.
Im Bürgersteig ist ein tiefes Loch.
Ich tue so, als ob ich es nicht
bemerken würde.
Ich falle wieder hinein.
Ich kann nicht verstehen, warum ich
schon wieder dort hineingefallen bin.
Es ist nicht meine Schuld.
Es dauert immer noch sehr lange,
um den Weg nach draußen wieder zu
finden.

3. Ich gehe dieselbe Straße entlang.
Im Bürgersteig ist ein tiefes Loch.
Ich bemerke es.
Trotzdem falle ich hinein.
Das Hineinfallen ist eine vertraute
Gewohnheit. Meine Augen sind jetzt
offen. Ich weiß, wo ich mich befinde.

Ich bin dafür verantwortlich und
ich finde den Weg nach draußen sofort.

4. Ich gehe dieselbe Straße entlang.
Im Bürgersteig ist ein tiefes Loch.
Ich weiche aus und falle nicht mehr
hinein.

5. Ich wähle eine andere Straße.

Aus dem Amerikanischen

Bücher, die leben helfen

Verena Kast
**Loslassen und sich
selber finden**
Die Ablösung von den Kindern
Band 4002

Lorenz Wachinger
Wie Wunden heilen
Sanfte Wege der Psychotherapie
Band 4009

Christine Swientek
**Mit 40 depressiv,
mit 70 um die Welt**
Wie Frauen älter werden
Band 4010

Elisabeth Lukas
Auch dein Leben hat Sinn
Logotherapeutische Wege zur
Gesundung
Vorwort von Viktor E. Frankl
Band 4011

Rüdiger Rogoll
Nimm dich, wie du bist
Wie man mit sich einig
werden kann
Band 4046

Hildegard von Bingen
Heilwissen
Von den Ursachen und der
Behandlung von Krankheiten
Übersetzt und herausgegeben
von Manfred Pawlik
Band 4050

Werner Rautenberg/
Rüdiger Rogoll
Werde, der du werden kannst
Persönlichkeitsentfaltung durch
Transaktionsanalyse
Band 4062

Dietmar Mieth
Das gläserne Glück der Liebe
Band 4063

Viktor E. Frankl
Psychotherapie für den Alltag
Band 4072

Chérie Carter-Scott
Negaholiker
Das Rettungsbuch für alle
Schwarzseher und notorischen
Pessimisten
Band 4075

HERDER / SPEKTRUM

Knud Eike Buchmann
Die Kunst der Gelassenheit
Im Alltag aus der Mitte leben
Band 4120

Rudolf Köster
Was kränkt, macht krank
Seelische Verletzungen
erkennen und vermeiden
Band 4122

Dorothy Corkille Briggs
Selbstvertrauen wirkt Wunder
Wege zu neuem Lebensmut
Band 4134

Wolfgang G. A. Schmidt
**Die alte Heilkunst der
Chinesen**
Ihre Kultur und ihre
Anwendung
Band 4136

Karlfried Graf Dürckheim
Meditieren – wozu und wie
Band 4158

Hildegard von Bingen
Heilkraft der Natur – Physica
Rezepte und Ratschläge für ein
gesundes Leben
Band 4159

Ellen Fischer
**Warum ist das gerade mir
passiert?**
Wie wir Krankheit deuten und
bewältigen
Band 4194

Rudolf Köster
Im Gleichgewicht bleiben
Umgang mit seelischen
Belastungen
Band 4198

Erich Fromm
**Leben zwischen
Haben und Sein**
Herausgegeben von Rainer
Funk
Band 4208

Liliane Juchli
Wohin mit meinem Schmerz?
Hilfe und Selbsthilfe bei
seelischem und körperlichem
Leiden
Band 4212

Dorothee Sölle
Leiden
Band 4215

HERDER / SPEKTRUM